E^2

E-SQUARED by Pam Grout

Copyright ⓒ 2013 by Pam Grout
Originally published in 2013 by Hay House Inc. USA
All rights reserved.

Korean Translation Copyright ⓒ 2014 by SIGONGSA Co., Ltd.
This Korean translation edition is published by arrangement with
Hay House Inc. through Amo Agency Korea.

이 책의 한국어판 저작권은 아모 에이전시를 통해
Hay House Inc.와 독점 계약한 ㈜SIGONGSA에 있습니다.
저작권법에 의해 한국 내에서 보호를 받는 저작물이므로
무단 전재와 무단 복제를 금합니다.

소원을
이루는
마력

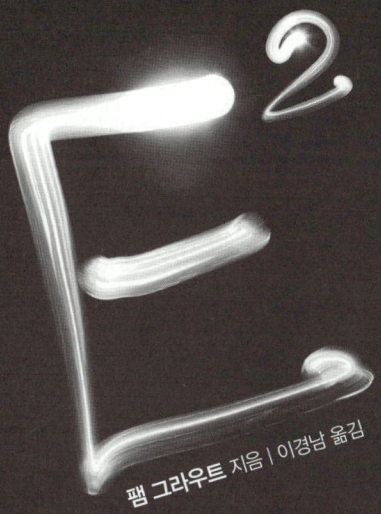

팸 그라우트 지음 | 이경남 옮김

SIGONGSA

E - SQUARED

"자네가 무언가를 간절히 원할 때,
온 우주는 자네의 소망이 실현되도록 도와준다네."

-《연금술사》중에서

Contents

Part  모든 것의 뒤에 놓인
운명을 바꾸는 힘

가능성의 장:
21일간 당신이 발견해야 할 것 · 13

우리 삶의 작동방식 | 현실은 어떻게 바뀌나 | 우리가 내다 버렸던 마법 | 가능성의 장=무한한 가능성 | 못의 기적 | 새로운 커리큘럼 | 더욱 진실하고 더욱 큰 비전

파장의 붕괴:
우리가 잘못된 정보를 받고 있단 사실을 알게 되는 곳 · 35

아주 아주 멋진 진동 | 현실에 대한 질긴 집착을 포기하라 | 지금도 너무 늦었다 | 그것은 그것이 아니다 | 우리는 사물을 형태로 관찰한다 | 좋아하지 않는 프로그램으로 채널을 돌리는 이유 | 다른 채널 고르기 | 집 안에 뛰어든 강아지처럼

앞으로의 실험:
편견을 버리고 마음을 여는 일 · 63

과학의 기반 | 몇 가지 기본 규칙

Part 2 생각을 현실로 창조하는
아홉 가지 실험

대장 원칙:
세상에는 무한한 가능성의 장이 존재한다 · 71
에너지 장은 전기와 같다 | 우리가 믿는 신 | 테러리스트 신 | 신을 향한 오해 | 방법
실험보고서

폭스바겐 제타 원칙:
당신의 믿음과 기대가 가능성의 장에 영향을 준다 · 91
우리를 옭아매는 사슬 | 믿기 때문에 보인다 | 생각이 현실을 만든다 | 방법
실험보고서

아인슈타인 원칙:
당신도 에너지 장이다 · 105
온전한 진리, 그리고 진리일 수밖에 없는 것 | 당신과 그들은 없다 | 증명의 순간 | 방법
실험보고서

아브라카다브라 원칙:
초점을 맞추면 무엇이든 확대된다 · 121

생각을 한 줄로 세워라 | 생각의 창조력 | 마음이 작동하는 법 | 입을 모아 꽥꽥거리기 | 우연은 없다 | 기도? 누가, 나? | 방법
실험보고서

안내자 원칙:
가능성의 장에 이르면 정확한 안내를 무제한 받을 수 있다 · 149

내면의 안내는 꾸러미로 온다 | 내면의 안내를 왜 거부할까 | 안내는 연중무휴 이용 가능 | 내면의 안내가 이끈 사랑 | 방법
실험보고서

슈퍼히어로 원칙:
생각과 의식이 물질을 바꿔놓는다 · 167

아빠의 고발장 | 낙관적인 인식의 결과 | 당신이 물질을 지배한다 | 방법
실험보고서

칼로리 원칙:
음식도 말과 생각에 영향받는다 · 187

식물도 생각을 읽는다 | 음식 투쟁 | 위력적인 플라세보 | 방법
실험보고서

101마리 달마시안 원칙:
당신은 우주의 모든 사람이나 사물과 연결되어 있다 • 201

동시적 느낌 | 사랑으로 보이지 않는 것은 죄다 연기고 거울이다 | 인간관계를 바꾸다 | 가능성을 믿어라 | 방법
실험보고서

오병이어 원칙:
우주는 무한하고 풍부하며 신기할 정도로 융통성이 있다 • 217

이 그림은 뭔가 잘못되었다 | 축복은 다가온다 | 클루 규칙 | 꿈을 꾸면 가능하다 | 선하며 전능한 에너지 포스 | 방법
실험보고서

마치며_ 서로를 들어 올려라 • 234

Part 1

모든 것의 뒤에 놓인
운명을 바꾸는 힘

"과학을 진지하게 추구하다 보면 하나의 영혼에서
우주의 법칙이 드러난다는 사실을 확신하게 된다.
그 영혼은 인간의 영혼보다 훨씬 우월하다."
– 알베르트 아인슈타인Albert Einstein, 이론물리학자

가능성의 장:
21일간 당신이 발견해야 할 것

    서른다섯 살이 되기 두 달 전, 나는 오래 사귀어온 남자친구에게 차이고 말았다. 스무 살 정도밖에 안 된, 금발인 주제에 검은색으로 뿌리 염색한 법대생 때문이었다. 마침 노처녀와 소행성에 관한 연구 결과가 발표됐을 때였다. 그것을 읽고 사람들은 서른 살이 넘은 여자가 웨딩드레스를 입고 결혼식장에 들어갈 확률은 소행성이 지구를 스쳐 갈 확률과 거의 같다고들 이야기해댔다.

    며칠 동안 침대에 누워 아무것도 하지 않고 천장에 붙은 선풍기만 바라보면서 나는 내게 남은 선택이라곤 두 가지뿐이라고 생각했다. 따뜻한 욕조에 몸을 담그고 손목의 정맥을 끊거나, 에설런 인스티튜트^{Esalen Institute}의 한 달짜리 체험학습 프로그램에 등록하는 것이었다. 에설런 인스티튜트는 캘리포니아 빅서에 있는 자기계발의 메카다. 당시 내 룸메이트가 유난히 깔끔을 떠는 성격이라 나는 망설이지 않고 에설런 인스티튜트행을 택했다.

그곳에서 보낸 둘째 날 밤, 나는 스탠이라는 잘생긴 전직 서퍼를 만났다. 그 남자는 절벽에 부딪히는 파도 소리를 들으며 그날 밤을 함께 보내자고 나를 설득했다. 우리는 결국 마사지실에서 잠이 들었다. 추위를 막기 위해 서로를 부둥켜안은 채였다. 하지만 소용없었다. 태평양에서 불어오는 4월의 바람은 살을 파고들었고, 우리는 서로 몸을 꼭 붙이고 있었지만 자칫하면 얼어 죽을 지경이었다. 한편으론 욕조를 더럽히지 않고 죽을 수 있어 다행이라는 생각도 들었다.

스탠이 그렇게 정신이 혼미해질 정도로 멋진 남자만 아니었어도, 그리고 내용물을 다 먹고 내팽개쳐진 빈 과자봉지 같은 참담한 기분이 들지만 않았어도, 나는 슬그머니 빠져나와 침낭 속으로 기어들어갔을 것이다. 그러나 다음 날 아침까지 나는 그대로 버텼다. 새벽의 여명이 서서히 주변의 어둠을 밝히는데, 실내용 히터가 눈에 들어왔다. 히터는 우리가 부둥켜안고 있는 매트 바로 옆에 있었다. 켜기만 하면 몸을 따뜻하게 덥혀주었을 히터가!

이 책에서 말하려는 요점은 바로 이것이다. 히터(보이지 않는 에너지 포스)는 늘 거기에 있다. 언제든 사용할 수 있는, 그런데도 켤 생각조차 하지 않는 히터가. 그런데 우리는 히터가 있다는 사실조차 모른다. 그러고는 인생을 종잡을 수 없는 도박이라고 단정한다. "세 라 비(C'est la vie(인생은 그런 것)!"라고 외치면서 말이다.

히터, 즉 삶을 계획하고 꾸려갈 능력을 주는 에너지 장이 있다는 것을 안다고 해서 문제가 해결되는 것은 아니다. 히터의 조작법을 모를 수 있으니 말이다. 기도를 하면 히터가 켜지고, 선행을 하면 켜 있는 상태를 유지할 수 있다는 말을 들은 것 같기는 하다. 그러나 어느 누구도 확실히 알지는 못한다. 누구는 찬가를 부르라 하고, 또 누구는 명상을 권한다. 어떤 구루는 잡념을 없애고 진동수를 높여야 한다고 주장한다. 과연 누구 말이 맞을까? 에너지 장이 그렇게 모호하고 신비스러운 것일까? 왜 그것은 가끔씩만 작동하는 걸까? 아무리 좋게 말해도 그것은 너무 까다롭고 변덕이 심해 전혀 믿을 만한 대상이 아닌 것 같다. 정말 그럴까?

천만의 말씀이다. 에너지 장은 보이지 않지만 100퍼센트 믿어도 된다. 이 말을 꼭 하고 싶다. 에너지 장은 수학 공식이나 물리법칙처럼 어떤 상황, 어떤 조건에서도 어김없이 작동한다. 2 더하기 2는 '어김없이' 4다. 공은 지붕에서 '어김없이' 떨어진다. 해는 떴다가 '어김없이' 진다. 같은 이치로 당신이 무엇을 생각하든 그 생각은 '어김없이' 물리적 현실에 영향을 준다.

우리 삶의 작동방식

"내가 안다고 생각하는 모든 것이 내 손가락을 움직이고 있다. 이렇듯 확실성은 매우 유용하지만, 실제로는 마음을 닫게 만들어 참 빛을 가릴 수도 있다."
— 데이비드 O. 러셀David O. Russell, 영화감독

《시크릿The Secret》을 읽어본 사람이라면, 그리고 초자연적인 영적 모임에 잠깐이라도 참석해본 사람이라면, 생각이 현실을 만들고 우주에 치유의 힘이 있고 자신의 삶은 자신만이 꾸릴 수 있다는 사실을 이미 알고 있을 것이다. 하지만 애석하게도 사소한 문제가 아직 남아 있다. 아주 사소한 문제이지만.

바로, 그런 말이 썩 미덥지 않다는 것이다. 전적으로는 말이다.

사실 우리는 지금도 조상으로부터 물려받은 정신적 구조를 바탕으로 사고 활동을 하고 있다. 그런데도 우리는 자신이 무슨 대단한 사상이나 특별한 관념을 가지고 삶을 꾸려간다고 생각한다. 확실한 의지를 가지고 새로운 가능성을 만들어낸다고 생각한다. 그러나 사실 우리 삶의 작동방식은 그저 낡은 테이프를 반복해서 돌리는 것과 다름없다. 우리는 자동인형 같은 반사적인 행동을 하며 살아가고 있는 것이다.

이런 것들은 대부분 우리가 채 다섯 살이 되기도 전에 습득한 행동양식에 불과하다. 우리는 현명한 선택을 할 지능을 갖추기도 전에, 종소리를 들으면 침을 흘리는 파블로프의 개처럼 습득한 유형에 따라 조건반사적으로 행동하도록 훈련받았다. 우리 자신의 생각이라 여겼던 생각도 사실은 대부분 다른 사람으로부터 받은, 보이지도 않고 의심해본 적도 없는 신념일 따름이다.

그래서 적극적인 생각은 우리를 무력화하는 낡은 프로그램과 힘겨루기를 해야 할 때가 많다. 다시 말해 우리의 의식, '어김없이' 물리적 현실에 영향을 주는 그런 의식적인 힘을 우리는 자신도 모르는 사이에

강탈당하고 만 것이다.

대학을 졸업한 뒤 일자리를 구하고 혼자 힘으로 생활을 꾸리기 시작한 지 얼마 되지 않아, 나는 내가 돈에 대해 부정적으로 생각하고 있다는 사실을 알게 되었다. 어느 날 아침 일찍 일어나 조깅을 하다가 갑자기 그런 생각이 들었다. 월급을 타자마자 돈이 금방 떨어지지는 않을까 불안해하고, 사고 싶던 자전거를 사야 할지 아니면 당장 필요한 컴퓨터부터 바꿔야 할지 고민했다.

그러다가 어렸을 때 기억을 떠올려보니 어머니는 늘 돈에 대한 걱정을 하셨던 것 같았다. 당시의 내 삶을 되돌아보면 경제적으로 볼 때 그런 두려움을 가질 만한 어떤 확실한 근거가 없었다. 그런데도 두려움의 이유를 제대로 알지도 못한 채 나는 내 의식 속에 부정적인 생각을 그대로 받아들였던 것이다.

두말할 필요 없이 그런 걱정은 내 지고의 선에 기여할 사고 패턴이 아니었다. 나는 내 재정 생활을 운영하는 패러다임을 의식적으로 고쳐 쓰기로 했다.

"나는 사고 싶은 것은 무엇이든 살 수 있어. 나는 잘나가고 있으니까 두 번 다시 그런 걱정은 하지 않아도 돼."

굳건히 자리를 잡아가는 프리랜서 작가로서, 나는 또한 신을 내 경력의 CEO로 임명했다. 과거로부터 물려받은 잘못된 두뇌회로와 부정적인 생각을 가지고는 글을 써서 먹고살며 수입이 들쭉날쭉할 수밖에 없는 작가란 직업을 계속 유지할 수 없을 것이라고 생각했다. 내게는 확실한 에너지를 보장해주는 새로운 날인이 절실히 필요했다.

현실은 어떻게 바뀌나

"사실이라고 받아들인 것을 사실로 인정해버리면,
더 이상 앞으로 나아갈 희망은 없다."
– 오빌 라이트Orville Wright, 미국의 발명가

환원주의나 기계론적 세계관의 결함이 명백히 드러났어도, 그것들은 우리의 문화에 여전히 깊이 뿌리박고 있다. 신경과학자들은 우리 생각의 95퍼센트가 미리 짜여 입력된 무의식에 조종되고 있다고 말한다. 자신이 '생각'하는 줄 알지만, 당신은 사실 과거에 만든 '영화'를 보고 있을 뿐이라는 얘기다.

이런 낡아빠진 단편적 사고의 굴레만 벗어던진다면, 의지력 하나만으로도 얼마든지 우리의 삶을 고칠 수 있다. 돈 걱정도 하지 않고, 좋은 관계만 맺고, 만사가 무척이나 만족스러워 이런 책을 집어 드는 일은 절대로 없을 것이다.

솔직히 그렇게만 된다면 나도 더할 나위 없이 기쁘겠다. 이 보잘것없는 책은 당신의 생각에 힘이 담겨 있으며, 무한한 가능성의 장field of potentiality이 당신의 권리주장을 기다리고 있다는 사실을 최종적으로 입증해주기 위한 것이다. 이 책이 당신의 삶을 다그쳐온 한물간 생각을 고쳐 쓰도록 도와줄 것이다.

지금 당장 서점으로 가보라. 현실을 바꾸는 요령을 설명한 책은 서가가 넘쳐날 정도로 충분히 많다. 하지만 이 책은 다른 책들이 내세운 그런 거창한 주장을 목소리 높여 외치기보다는 조금만 시간을 투자하면 쉽게 입증할 수 있는 간단한 실험 아홉 가지를 소개하는 데 힘쓸 것이다. 이 책은 생각이 현실을 창조한다는 사실을 아는 것에 그치지 않고, 현실이 일상에서 내리는 모든 결정을 기반으로 일어난다는 것을 직접 목격할 수 있는 기회를 제공할 것이다.

지금 이것은 아직 하나의 이론에 불과하다. 그러나 관찰하기만 해도 현실을 바꿀 수 있다는 사실을 직접 눈으로 보고 가슴으로 깨닫는다면, 당신의 두뇌회로가 바뀌고 낡은 조건들을 벗어던질 수 있게 될 것이다. 과학적 실험을 통해 자신이 가능성의 장에 깊이 연결되어 있다는 사실을 알게 되는 순간, 당신은 자유로워질 것이다.

우리가 내다 버렸던 마법

"맙소사, 세상이 아직까지 그토록 감옥을 좋아하다니."
– 테스 린치Tess Lynch, 작가이자 여성의원

양자물리학은 장場을 '물리적 영역에 영향을 주는 보이지 않는 동력'으로 정의한다. 이 책에서 당신은 이런 가능성의 장을 능숙하게 활용하는 법을 배울 것이다. 에너지는 우리 눈에는 보이지 않기 때문에, 그리고 우리는 아직도 물질을 우선시하는 낡은 원리를 바탕으로 사고하고 활동하기 때문에, 이런 기본적인 건축 재료를 제대로 이용하는 법을 배우지 못했다.

앞으로 21일 동안(이 책에 제시된 모든 실험을 진행하는 데 걸리는 기간이 대략 그 정도다) 당신은 에너지(양자물리학자 데이비드 봄David Bohm은 물질도 '얼어붙은 빛frozen light'에 지나지 않는다고 말했다)를 가지고 의식적인 관계를 개발하고, 그것을 마음의 평화나 여유 있게 쓸 수 있는 돈이나 보수가 좋은 직업 같은 마음속으로 바라는 어떤 구체적인 것으로 바꾸고 활용하는 법을 배울 것이다. 심지어 타히티로 한 달 동안 휴가를 보내달라고 가능성의 장에 명령을 내릴 수도 있다.

뜬구름 잡는 이야기 같은가? 내 이야기를 해보겠다. 몇 해 전에 호주로 한 달 동안 여행을 떠나야겠다고 마음먹은 적이 있었다. 내 마음을 빼앗은 지압요법사가 호주에서 일자리를 구해 호주 원주민들과 일하고 있었기 때문이다. 당시 캔자스에 있던 나는 17만 193킬로미터나 떨어진 상태에서 어떻게 우리의 사랑을 이어가야 할지 막막하기만 했다. 누가 내 예금통장을 봤다면 시드니까지 가는 1,500달러짜리 비행기 표는 꿈도 꾸지 말라고 말렸을 것이다. 그래도 나는 가고 싶었다. 다행히도 그런 일을 실현시킬 수 있는 가능성의 장에 대해 나는 잘 알고 있었다.

나는 여행을 계획하고 시드니 해안가의 파도를 여유롭게 헤쳐 가는 내 모습을 그려보기 시작했다. 그러니까 마음속에 이런 그림을 놓고 정말로 작업했다는 말이다.

그런데 채 일주일도 지나지 않아 잡지 〈모던 브라이드Modern Bride〉 편집

장에게서 전화가 걸려왔다.

"마감이 얼마 남지 않았는데, 연락이 너무 늦었네요."

그녀는 말을 꺼냈다.

"혹시 호주를 여행한 뒤 신혼여행기 쓸 생각 없어요? 경비는 우리가 부담할게요."

나는 대답했다.

"뭐, 좋아요. 원하신다면요."

에너지를 변형시키면 몸을 치료하고 몸매도 바꿀 수 있다. 언젠가 콜로라도의 스팀보트 스프링스 근처에 있는 고원에서 친구와 등산을 할 때였다. 산길을 오르다 그만 친구가 바위에 걸려 넘어지고 말았다. 발목이 부어오르기 시작하자 그녀는 겁부터 먹었다. 발목은 순식간에 퉁퉁 부어올랐다. 무료진료소 바로 옆집에 사는데 이런 일이 일어났다면, 전혀 문제될 게 없었을 것이다. 하지만 우리는 무료진료소는 고사하고, 전화가 있는 곳까지 가는 데만 무려 70분 정도 걸리는 곳에 있었다. 한 번도 쉬지 않고 빨리 걸을 때 그렇다는 얘기고, 이렇게 다리가 퉁퉁 부어올라 간신히 절뚝이며 걷는 상태라면 70분도 장담할 수 없었다.

나는 발목에 대고 부풀어 오르지 말라고 명령하라고 친구에게 말했다. 역시 가능성의 장이 가진 위력을 절대적으로 믿고 있는 친구는 소리쳤다.

"붓지 마! 붓지 마! 가라앉으란 말이야!"

나는 친구를 타일렀다.

"조용히 말해도 돼."

물론 친구의 발목은 더 이상 붓지 않았고, 우리는 무사히 야영장에 도착할 수 있었다. 병원에 갈 필요가 없었던 것은 물론이다.

가능성의 장 = 무한한 가능성

"삶은 어디서나 우리를 기다리고,
미래는 어디서나 꽃을 피운다. 그러나 우리는
아주 작은 부분만 보고 주로 그곳에만 발을 디딘다."
— 헤르만 헤세Hermann Hesse, 시인이자 소설가

이 책에 실린 아홉 개의 실험은 대부분 48시간 안팎으로 끝낼 수 있는 것들이다. 이들 실험을 통해 곧 알게 되겠지만, 가능성의 장은 전기만큼이나 믿을 만하고, 예측 가능하며, 수도승에서부터 아나운서에 이르기까지 누구나 사용할 수 있다.

이들 실험을 통해 우리는 지난 100년 동안 물리학자들이 발견한 것을 입증해보일 것이다. 가능성의 장은 우리 모두를 연결해주며, 우리가 우리의 삶을 통제하는 이유는 우리가 가진 모든 생각이 우주의 다른 모든 것에 영향을 주는 에너지 파장이기 때문이라는 사실을 실험으로 입증할 것이다.

그러나 전기처럼 가능성의 장은 콘센트에 연결되어야 한다. 그러기 위해 당신은 더 이상 우유부단한 태도를 보여서는 안 된다. 제정신을

가진 사람이라면 백화점에 전화를 걸어 "여기 내가 좋아하는 것 좀 보내주세요"라고는 하지 않을 것이다. 마찬가지로 배관공에게 전화를 걸어 문제가 있는 화장실을 고쳐달라며 "그냥 아무 때나 오고 싶을 때 오세요"라고도 말하지 않을 것이다.

그러나 가능성의 장은 다르다. 우리는 대부분 그런 식으로 가능성의 장과 작용을 주고받는다. 우리는 겁이 많고 어리석어 이 가능성의 장이 실제로 어떻게 작용하는지 전혀 감을 잡지 못한다.

이 책에는 가능성의 장이 작동하는 방식을 설명하고, 이를 직접 체험할 수 있는 아홉 가지 실험이 등장한다. 이 실험은 돈이 전혀 들지 않고 시간도 얼마 필요하지 않지만, 생각이 실제로 물리적 '사물'이라는 사실을 충분히 입증해줄 것이다. 그렇다. 바로 그것이다. 중요한 것은 입증이다.

당신이 가능성의 장의 존재를 이미 알고 있었든 모르고 있었든 간에, 이 책에 제시된 아홉 가지 에너지 원칙은 가능성의 장이 당신의 삶에서 과거에도 그랬고, 현재에도 작용하고 있다는 사실을 확인시켜줄 것이다. 의지를 확고히 하는 법을 배우기만 하면, 가능성의 장이 그 어떤 물리법칙보다 더 심오하고 중력만큼이나 믿을 만하다는 사실을 알게 될 것이다. 두려워하지 말고, 의심하지 말고, 이들 실험을 직접 행동에 옮겨보라.

중요한 사실 하나. 그에 앞서 해야만 하는 일이 있다. 먼저 기한을 정해야 한다. 그리고 뭔가 잘못되었다는 착각도 버려야 한다. 영적 법칙이 제대로 효과를 발휘하려면, 우주는 아낌없이 베푸는 존재이며, 언제나 당신의 든든한 후원자라는 사실을 가슴 깊이 새겨두어야 한다.

못의 기적

"기적은 자연을 거스르지 않는다.
자연이라고 알려진 것을 거스를 뿐이다."
– 성 아우구스티누스 St. Augustine, 라틴 철학자이자 신학자

언제부터였는지 정확히 기억나지 않지만 나는 생활 속에서 이런 실험을 직접 하기 시작했다. 그리고 나의 전격적인 참여 없이는 제아무리 유명한 영적 이론이나 책이나 강의도 아무런 가치가 없다는 사실을 점점 분명히 깨닫게 되었다.

물론 나도 다른 사람들과 마찬가지로 걸음마부터 시작했다. 나의 초기 목표는 매우 단순하고 구체적인 것이었다. 처음에 나는 좋은 주차 자리를 확보하고, 행운을 가져다 준다는 네잎 클로버를 찾고, 유명인사와 인터뷰하는 것 같은 간단한 목표부터 세웠다. 그러다가 뼈대를 세우고 기한을 정하고 과학적 유형의 실험을 하는 것이 실질적인 영혼의 성장에 절대적으로 필요하다는 사실을 알게 되었다. 그 계기는 바로 '못의 기적'이라고 이름 붙인 사건과 함께 찾아왔다.

나는 침대 옆 벽에 달력을 걸어두었다가 가끔 떼어내 중요한 행사를 표시해두거나, 미용실에 다녀온 날짜나 이런저런 사람을 만났던 날

이나 치과에 갔던 날 등을 적어놓고 확인하곤 했다. 그러던 어느 날 밤 달력을 조금 세게 잡아채는 바람에 달력을 걸어두었던 작은 못이 빠져버렸다. 나는 바닥에 엎드려 못을 찾았다. 제까짓 게 가봐야 어딜 가겠어? 나는 찾고 또 찾았다. 웬걸. 그 작은 못은 해리포터의 투명망토라도 뒤집어쓴 모양이었다. 그렇지 않고서야 이렇게 헤매는데 나타나지 않을 리 없었다.

카펫 여기저기를 뒤질 만큼 뒤졌지만 못의 그림자조차 찾지 못하고 일어선 나는 씩씩거리며 그 못을 떠올리곤 '네 녀석이 모습을 드러내도록 만들고야 말겠다'는 내 의도를 분명하게 천명했다. 그것도 24시간 내에.

다음 날 아침 눈을 떴을 때, 그 못은 내 엄지손가락과 검지손가락 사이에 끼어 있었다. 그날 그 사건 이후로 나는 섹시한 남자와 데이트하는 것은 물론, 유명 잡지에 고정적으로 여행 칼럼을 쓰고, 번쩍이는 도요타 프리우스 등 모든 종류의 멋진 것을 갖고 말겠노라고 공언해왔다. 그 결과 크고 작은 성공을 거뒀지만, 그 어느 것도 이 작은 못만큼 인상적이지는 않았다.

내가 직접 고안해낸 실험으로 분명하고 신뢰할 만한 결과를 얻은 나는 다른 사람에게도 그런 실험이 통하는지 알아보고 싶었다. 나는 친구들에게 간단한 실험 몇 가지를 해보도록 제안했다. 유니테리언 교회Unity Church(삼위일체를 부인하고 신의 단일성을 주장하는 기독교의 한 종파 – 옮긴이) 목사인 한 친구는 모든 신도에게 실험 보고서를 나누어주었다. 각 장의 끝에 이 보고서가 소개돼 있으니 참고하기 바란다.

얼마 안 가 유니테리언의 젊은 신도들은 각자 만든 아인슈타인 지팡이로 자신의 에너지를 확실하게 움직였다. 어떤 집단은 요일을 정해놓고 일주일에 한 번씩 만나 실험을 진행하기도 했다. 그들은 갖가지 놀라운 일들을 직접 해보았다.

분명히 말하지만 영적인 원리를 이해하는 가장 좋은 방법이자 유일한 방법은 그 분야의 베스트셀러를 읽거나 저명한 강사의 강연을 듣는 것이 아니다. 영적 원리가 작동하는 법을 입증해주는 뼈대에 자신이 직접 그 원리를 집어넣어야 한다. 이 책에 소개된 아홉 가지 실험을 통해 알게 되겠지만, 그 원리가 작동하는 것을 보면 당신도 흔들리지 않는 완벽한 확신을 갖게 될 것이다. 그 영적 원리야말로 낡은 정신적 구조물에서 당신을 완전히 해방시켜주는 유일한 도구다.

새로운 커리큘럼

"나는 일상의 초라하고 연약한 사점死點을 통해 그것이 걷잡을 수 없이 터지는 것을 여기서, 바로 여기서 확인해야 한다."
– 보브 새비노Bob Savino, 시인

1. 대장 원칙

다른 모든 원칙의 기본이 되는 원칙이다. 이 원칙의 요점은 바로 이

것이다. '보이지 않는 에너지 포스 또는 무한한 가능성의 장이 존재한다.' 이 실험은 최후통첩 형식으로 설명할 수 있다. 당신은 이 힘에 정확히 48시간을 주어 그 존재가 드러나게 해야 한다. 그리고 분명하고 실수 없는 신호, 결코 우연으로 치부할 수 없는 신호를 요구하라.

2. 폭스바겐 제타 원칙

새 차를 샀을 때를 기억하는가? 꿈에 그리던 차라고 생각하며 이 차를 내 차로 만들어야겠다고 처음 결심했을 때만 해도, 폭스바겐 제타는 개성이 뚜렷한 독특한 차로 여겨졌다. 나는 내가 사는 소도시에서 그 차를 몰고 다니는 사람은 나밖에 없을 것이라고 생각하며 나의 빼어난 안목에 뿌듯해하기까지 했다. 〈컨슈머 리포트 Consumer Reports〉(미국소비자협회에서 발행하는 월간 생활정보지 – 옮긴이)에서 그 차에 대한 기사를 읽고 지출할 금액을 결정한 후, 드디어 대리점으로 가는 길. 나는 거리를 누비는 여덟 대의 자동차 가운데 한 대가 폭스바겐 제타라는 사실을 알게 됐다. 어떤 것에 각별한 관심을 갖게 될 때 흔히 일어나는 현상이다. 내가 나의 삶 속에 폭스바겐 제타를 끌어들이자, 그제야 폭스바겐 제타가 내 눈에 보이게 된 것이다.

우리가 갖고 있는 생각, 우리가 내리는 판단은 모두 가능성의 장에 영향을 미친다. 사실 현실은 우리가 관찰해온 가능성의 파장이 구체적인 형태로 바뀐 것일 뿐이다. 이 원칙은 말한다. '당신은 가능성의 장에 영향을 주고 당신이 믿고 기대하는 만큼 그것으로부터 에너지를 끌어낸다.' 이를 입증하기 위하여 우리는 다음과 같은 분명한 의도를 정할 것이다. '이것이 앞으로 48시간 내에 가능성의 장에서 끌어내기를 원하는 것이다.'

3. 아인슈타인 원칙

'당신도 역시 에너지 장이다'라는 이 원칙은 영적 원칙의 초석이지만, 이 원칙이 처음 빛을 본 것은 물리 실험실에서였다. 그렇다. 물질로 보이는 외관과 달리 인간이 끊임없이 움직이는 에너지 파장이라는 사실을 발견한 것은 바로 과학자들이었다.

이 책의 제목이 아인슈타인의 유명한 방정식을 살짝 비튼 말장난이라는 사실을 당신도 이미 눈치챘을 것이다. 이를 증명하기 위해서는 특별히 만든 장비가 필요하다. 부담을 가질 필요는 없다. 장비를 사용하는 실험은 이것뿐이다. 특별한 장비라고 해봤자 별것 아니다. 벽장에 쌓여 있는 세탁소에서 준 철사 옷걸이와 맥도널드에서 공짜로 얻을 수 있는 빨대만 있으면 된다.

4. 아브라카다브라 원칙

'아브라카다브라'라는 말을 들으면 기다란 검은 모자에서 새하얀 토끼를 끄집어내는 마술사를 떠올릴 것이다. 이 말은 아랍어로 '말한 대로 될지어다'라는 뜻이다. 사실 아브라카다브라는 매우 강력한 주문이다. 토머스 에디슨Thomas Edison이 어떤 장치를 발명하기 전에 발명 사실을 미리 발표한 것도 바로 그 때문이었다. 짐 캐리Jim Carrey가 영화를 만들기도 전에 1,000만 달러짜리 수표를 자신의 앞으로 발행한 것도 그 때문이었다. 이 원칙은 분명히 말한다. '한 가지에 집중하면 그것은 확장된다.' 이 실험을 통해 당신은 쓸데없는 생각이라는 것은 없으며, 우리 모두는 마음이 옆길로 새는 것을 아무렇지도 않게 내버려두는 경향이 있다는 사실을 알게 될 것이다.

5. 안내자 원칙

이 원칙은 말한다. '가능성의 장과 연결되면 정확하고 무한한 능력을 보유한 안내자를 얻게 된다.' 의식을 다시 정렬하면 요구한 모든 것에 대해 믿을 만한 해결책을 찾아낼 수 있다. 이런 사실을 모르는 이유는 당신이 가능성의 장과 관련되어 있지 않고 떨어져 있다고 여기는 부자연스러운 습관이 몸에 배어 있기 때문이다.

6. 슈퍼히어로 원칙

이 실험에서 당신은 '생각과 의식이 물질에 영향을 미친다'는 원칙의 지배를 받는다. 이 과정에서 당신은 애리조나대학의 교수인 개리 슈월츠Gary Schwartz 박사가 행한 실험을 반복해야 한다. 그는 식물을 기를 때 어떤 의도를 드러내면 더 빨리 성장하게 만들 수 있으며, 그렇게 자란 식물은 그렇지 않은 식물보다 더 많은 빛을 반사한다는 사실을 증명해냈다.

7. 칼로리 원칙

우리는 식품 포장의 성분 표시를 읽지 않아도 그 식품에 어떤 종류의 비타민과 미네랄, 어느 정도의 칼로리가 들어 있는지 대충 알 수 있다. 게다가 식품 포장의 성분 표시를 읽으면서는 여기 적힌 이런 영양분은 의심할 여지가 없다고 생각한다. 요구르트 용기 뒷면에 187칼로리라고 적혀 있으면, 실제로 187칼로리가 들어 있다고 생각한다.

그러나 당신이 모르는 것이 있다. 당신이 먹는 음식과 당신에 관한 생각이 당신의 몸과 끊임없이 춤추고 있다는 사실이다. 당신이 칼로리를 소비하는 행위에 죄책감을 느낀다면, 음식은 부정적인 진동을 만들어 당신 뒤에서 일제사격을 가한다. 이 실험에서 당신은 음식에 사랑을 불어넣음으로써 '생각과 의식이 물리적 신체의 발판을 제공한다'는 원칙을 입증할 것이다.

8. 101마리 달마시안 원칙

이것은 매우 중요한 영적 원칙이다. 이 원칙은 이렇게 말한다. '당신은 우주의 모든 것과 연결되어 있다.' 과학자들은 이를 '비국소성 nonlocality'이라는 용어로 표현한다.

애니메이션 〈101마리 달마시안 101 Dalmatians〉을 보았다면, 이 원칙이 작동하는 원리를 짐작할 수 있을 것이다. 크루엘라 드 빌 Cruella De Vil의 악마 부족은 달아난 강아지들을 잡으려 한다. 강아지들이 숨어 있는 헛간에서 늙은 스코티시테리어는 그녀의 계획을 알아채고는 컹컹 짖어 옆 마을의 바셋하운드에게 도움을 청한다. 바셋하운드도 컹컹 짖어 더 먼 곳에 있는 닥스훈트에게 메시지를 보낸다. 양자물리학에서는 이런 커뮤니케이션이 동시에 일어난다. 강아지들이 도움을 필요로 한다는 사실을 스코티시테리어가 알게 된 바로 그 순간, 30킬로미터 떨어진 곳에 있는 닥스훈트도 바로 그 사실을 알게 된다. 같은 이치로 하나의 입자에서 일어난 일은 동시에 다른 입자에게 전달된다. 이 실험에서 당신은 이메일이나 편지나 특별한 전달 수단을 사용하지 않고 다른 장소에 있는 사람에게 메시지를 보낼 수 있을 것이다.

9. 오병이어五餠二魚 원칙

이 원칙은 말한다. '우주는 무한하고 풍부하며 신기할 정도로 융통성이 있다.' 이 원칙은 또한 두려움이 별것 아니며 크게 깊은 숨을 한 번 쉬면 그만이라는 사실을 입증할 것이다.

더욱 진실하고 더욱 큰 비전

"기존 현실과 싸워서는 상황을 바꿀 수 없다.
무언가를 바꾸려면 현재의 모델을 쓸모없게 만드는
새로운 모델을 만들어야 한다."
— 벅민스터 풀러Buckminster Fuller, 미래학자

자신의 삶 자체를 가지고 실험을 해본 사람으로 당신이 처음은 아니다.

그러니 마음 놓길 바란다. 지금은 고인이 된 위대한 미래학자 R. 벅민스터 풀러는 서른두 살 때 무일푼이었고 전혀 유명하지도 않았다. 그는 지극히 평범한, 아니 초라하기 그지 없는 자신이 하나의 인간으로서 과연 무엇을 할 수 있는지 실험을 통해 알아보기로 마음먹었다. 자신을 '기니피그 B$^{Guinea Pig B}$'로 묘사한 그는 온 마음을 바쳐 변화를 꾀했다.

그는 한마디로 별 볼 일 없는 사내였다. 파산하고 실직한 그에게는 부양할 아내와 아기가 하나 딸려 있었다. 첫 아이는 딸이었는데 얼마 전에 죽은 터였다. 상실감에 사로잡힌 그는 허구한 날 술만 퍼마셔댔다. 희망의 빛이라고는 전혀 보이지 않았다.

그러던 어느 날 그는 자신의 모습이 얼마나 한심한지 자각한다. 그는 즉시 모든 것을 잊어버리고 부정적인 생각은 더 이상 하지 않기로 굳게 마음먹는다. 그는 알고 싶었다.

"세상을 바꾸기 위해, 한 인간이 할 수 있는 것이 무엇일까?"

이후 56년 동안 그는 온몸을 바쳐 그만의 실험을 했다. 그는 온갖 위험을 무릅쓰고 갖은 노력을 기울였다. 그는 물었다.

"아무려면 어떤가?"

이 실험의 결과가 궁금한가? 놀라지 마라. 그는 건축가, 발명가, 작가, 위대한 지도자가 되었을 뿐 아니라, 그가 실험을 시작한 1927년부터 1983년 사망할 때까지 모두 28권의 저서를 쓰고, 44개의 명예박사 학위를 받았으며, 25개의 특허를 출원했고, 그리고 무엇보다 문자 그대로 인간에 대한 인간의 시각을 바꾸어놓았다.

내가 당신에게 바라는 것이 바로 그것이다. 나는 당신이 이 책을 통해 자신을 보는 방식을 바꾸기 바란다. 이 책이 당신의 영혼을 자극해, 당신이 바라는 바 가장 환상적이고 유쾌하고 놀랍고 아름답고 다정한 인간이 되는 데 에너지를 사용하길 바랄 뿐이다.

"인간의 커다란 착각은 자신의 의식 상태가 아니라
다른 데 문제의 원인이 있다고 확신하는 것이다."
— 네빌 고다드 Neville Goddard, 저술가

파장의 붕괴:
우리가 잘못된 정보를 받고 있단 사실을 알게 되는 곳

 마술 지팡이를 가질 자격이 있는 마술사는 자신의 레퍼토리에서 가장 중요한 요소가 청중의 관심을 딴 데로 돌리는 것이라는 사실을 안다. 마술사는 능숙한 동작으로 청중의 시선이 엉뚱한 곳을 향하게 한 후 그 틈을 타 감쪽같이 속임수를 쓴다.

 이렇게 우리의 시선을 돌리려는 사람이 없는데도, 우리는 늘 엉뚱한 곳만을 바라본다. 우리의 모든 관심은 오로지 물리적 세계에만 집중되어 있다. 이런 감각적인 속임수 때문에 우리는 눈에 보이지 않는 것이 실제로 보고 있는 것보다 삶에 있어서 더 근본적이라는 사실을 놓치기 일쑤다.

 양자물리학은 보이지 않는 에너지 영역(뭉뚱그려 내가 '가능성의 장'이라고 말하는 것)이 물질적 영역의 1차적인 지배력이라고 말한다. 그것이 바로 현실의 청사진이라고 할 수 있다. 이제는 우리도 우주가 오직 파장과 에너지 입자로 구성돼 있다는 사실을 안다. 그것이 우리의 예상과 판단과 믿음에 부합된다.

미묘한 에너지와 생각과 감정과 의식은 삶의 경험에서 주역을 맡고 있지만, 눈으로 볼 수 없기 때문에 우리는 그것을 이해하려 하지 않았고, 우리를 위해 사용하려고 하지도 않았다. 세상을 바꾸는 것은 이런 기대와 신념을 바꾸는 아주 단순한 문제다. 정말 말처럼 쉽다. 무언가를 물리적 세계로 가져오기 위해서는 실제로 보이는 것이 아니라 보고 싶은 것에 초점을 맞추기만 하면 된다.

아주 아주 멋진 진동

"인간 의식의 엘니뇨가 도착했다."
— 다이앤 콜린스Dianne Collins, 《양자 사고 하십니까Do You Quantum Think?》 저자

누구나 다 이렇게 말한다.

"생각 같은 단순한 것이 어떻게 세상에 영향을 줄 수 있는가?"

100년 전에는 〈아메리칸 아이돌American Idol〉(미국 폭스TV의 오디션 프로그램 – 옮긴이)에 출전한 경연자들이 부른 노랫소리가 벽돌과 유리와 나무와 강철을 뚫고 송전탑을 통해 우리 집 거실에 놓인 TV에 도달해, 집 안에 편안히 앉아 있는 우리에게 그 감동을 고스란히 전할 수 있으리라고 믿는 사람이 하나도 없었다는 사실만 이야기하겠다. 언제 어디서든 마음만 먹으면 트럼프 카드 케이스보다 크지 않은 휴대전화로 3,000킬

로미터도 넘게 떨어진 곳에 있는 누이동생과 대화할 수 있게 되리라고 생각한 사람도 없었다.

289개에 이르는 TV 채널도 그렇고 휴대전화 너머의 목소리도 그렇지만, 생각 역시 진동하는 파장이다. 래퍼 에미넴Eminem이 그의 딸 헤일리Hailie에 대해 노래하는 랩을 들을 때, 당신의 고막이 잡는 것은 진동하는 음파다. 2012년 골든글러브 시상식에서 영화배우 브래드 피트Brad Pitt가 들고 나온 지팡이나 가수 마돈나Madonna가 한쪽 손에 들고 나온 가죽 장갑을 보았을 때, 당신이 실제로 본 것은 진동하는 빛의 파장이었다. 이처럼 당신이 듣고 보고 느끼는 모든 것이 사실은 파장이다.

당신의 생각도 그렇다. 생각 역시 가능성의 장과 상호작용하며 가능성의 장에 영향을 주는, 진동하는 에너지 파장이다. 과거에 가졌거나 지금 갖고 있거나 앞으로 갖게 될 생각은 모두 진동을 만들어내 가능성의 장 속으로 들어가 영원히 확장될 것이다. 이들 진동은 다른 진동과 만나 놀라운 에너지의 미로 속에서 서로 교차한다. 에너지가 한곳에 충분히 모이면 서로 뭉쳐서 물질이 된다. 저명한 물리학자 아인슈타인 역시 물질이 에너지에서 비롯되었다고 말한 바 있다.

가능성의 장은 당신이 내보내는 에너지를 따른다. 그리고 당신의 생각 진동은 그와 연관된 다른 진동을 끌어들인다. 한 가지 예를 들겠다. 언젠가 저녁 식사를 준비하다가 나는 감자 으깨는 기구인 포테이토 매셔potato masher를 하나 사면 편하겠다는 생각을 한 적이 있었다. 물론 어느 누구에게도 그런 생각을 말하지는 않았다. 그저 나 혼자 생각했을 뿐이었다.

'다음에 월마트엘 가면 포테이토 매셔를 하나 사야겠다.'

바로 그날 밤, 약속도 하지 않았는데, 내 친구 웬디가 나를 찾아왔다. 서랍을 정리하다 필요 없어진 주방기구를 몇 개 챙겨왔다며 보따리를 풀었다. 당연히 포테이토 매셔도 있었다.

또 다른 이야기도 있다. 언젠가 좀 더 많이 웃으며 살아야겠다는 생각을 한 적이 있다. 몇 주 지나지 않았을 때 나는 토드와 데이트하기 시작했다. 토드는 유머감각이 넘치는 직장 동료였는데, 몇 년 후 결국 코미디언이 되었다.

살면서 겪는 우연은 말 그대로 우연처럼 보이지만, 사실 그것도 역시 에너지이고 작동하는 가능성의 장이다. 살아가면서 우리는 에너지를 사용하는 데 대부분의 시간을 보내면서도, 우리의 생각과 말과 행동이 상황을 바꾼다는 사실은 까맣게 모르고 있다. 그 결과, 우리는 이런 무한한 힘은 제쳐두고 상상이나 가능성을 전혀 활용하지 않는 기본적인 프로그램만 따른다.

사람들은 예수가 알파요, 오메가라고 생각한다. 예수가 에너지와 물질을 뜻대로 다룰 수 있는 분이었기 때문이다. 그러나 예수가 지적한 대로(꼭 이렇게 말한 것은 아니지만), "너희도 할 수 있다."

나는 싱글맘이지만 결코 버림받은 사람의 전형은 아니다. 싱글맘이라고 하면 사람들은 결코 유쾌하지 않은 어떤 선입견부터 떠올린다. 사람들은 자세히 알지도 못하면서 내가 엄청나게 가난할 것이라고, 아마도 생활보호 대상자일 것이라고 지레짐작한다. 그것도 사실을 볼 수 있는 채널 가운데 하나일지 모르지만, 나는 다른 채널을 선호한다. 나는 다른 현실에 초점을 맞추길 좋아한다.

나는 내 웹사이트에 이렇게 써놓았다.

"나, 팸 그라우트는 세계여행가이고, 사랑이 많은 엄마이고, 베스트셀러 작가이고, 백만장자이고, 만나는 모든 사람에게 영감을 주는 증인이다."

내가 이런 채널에 초점을 맞추기 시작한 것은 20년 전부터다. 그때는 자식도 없었고, 세계여행가나 작가가 되기 전이었고, 게다가 무엇보다 나 자신을 좋아하기 전이었다. 하지만 원하는 것에 초점을 맞추고 보니 분명 효과가 있었다.

현재 나는 앞에 열거한 사항 가운데 하나만 빼고는 전부 사실이라고 자랑스레 말할 수 있다. 어떤 것이 아직 아닌지 한번 맞혀보라. 지금까지 나는 책을 16권, 희곡을 두 편, 생방송 연속극을 한 편 썼고, 정식으로 출근하는 직업도 없으면서 20년 동안 잡지 칼럼을 써서 배를 곯지 않을 정도의 수입을 얻어왔다. 나는 여행 블로그 www.georgeclooneyslepthere.com 를 운영하면서 모두 7개국을 가봤다. 뉴질랜드에서 번지점프를 한 것부터 모로코에서 카펫을 구입한 것, 니카라과에서 커피 열매를 딴 것 등 내가 경험한 모든 것을 블로그에 썼다. 아직 비행기에서 뛰어내리지는 못했는데, 그것은 내 아흔 살 생일을 위해 아껴두고 있다.

현실에 대한 질긴 집착을 포기하라

"우리는 모두 하나의 이야기에 사로잡힌 포로다."
— 대니얼 퀸Daniel Quinn, 《이스마엘Ishmael》 저자

현실이 꼭 현실은 아니다.

사실, 현실이라고 생각하는 것이 전부 현실은 아니라고 말해도 크게 틀린 말은 아니다. 거의 100년 동안 물리학자들은 뉴턴의 고전적인 세계관이, 세상이 작동하는 방식과 전혀 관계가 없다는 사실을 어떻게 받아들여야 할지 몰라 난감해했다. 원자보다 작은 아원자 영역은 모든 이성과 논리를 거부하기 때문에 학문적 권위가 흔들릴까 두려워한 대부분의 과학자는 인생이 인생을 가장한 것과 거리가 멀다는 사실을 어느 정도 무시했다.

사실 난데없이 튀어나오는 입자, 느려졌다 빨라졌다 하는 시간, 수천 킬로미터 떨어진 곳에서도 서로 반응하고 소통하는 입자 등, 이 모든 것은 너무 종잡기가 어렵다. 그래서인지 지금까지 과학자들이 이런 정보를 가지고 했던 것이라고는 서로를 못살게 괴롭히고, 문자메시지를 주고받고, 냉동식품을 전자레인지에 돌리는 기술을 발달시키는 정도가 고작이었다.

물리적 현실의 두 가지 주요 기반인 시간과 공간도 보기와는 다르다. 이것이 무슨 대단한 물리적 대들보인 줄 알지만, 사실 시간과 공간도 매우 그럴듯한 과학적 환각일 뿐이다. 최근에 상금 140만 달러가 걸린 템플턴상Templeton Prize을 수상한 베르나르 데스파냐Bernard d'Espagnat는 자연법

칙의 낡은 공식을 버리고 현실에 대해 이전과는 완전히 다른, 보다 정확한 견해를 받아들일 때라고 역설했다. 그가 말하는 정확한 견해란 의식이 물질세계를 만든다는 사실이다.

요즘 시대의 물리학자라면 다 알고 있는 사실이지만, 물질은 아무것도 없는 것에서 튀어나오고, 전자는 그 사이에 끼인 우주 공간을 가로질러 여행하지 않고 하나의 궤도에서 다른 궤도로 건너뛴다. 우주는 그렇게 종잡을 수 없다. 그런데도 학자들은 그 사실을 무시하기로 하고 어깨를 으쓱이며 10대들이나 즐겨 쓰는 "그러시든가!"라는 말을 남발하기 일쑤다.

그렇다고 과학자들이 그런 사실을 전적으로 부인하는 것은 아니다. 앞서 말한 대로 이들은 새로운 물리학을 사용하여 레이저, 트랜지스터, 초전도체, 원자폭탄 등을 개발해왔다. 그러나 이들도 이런 양자 세계가 작동하는 원리는 설명할 엄두조차 못 낸다. 물리학자 제임스 트레필 James Trefil 은 이에 대해 다음과 같이 말한다.

"우리는 인간의 두뇌 구조로는 도저히 이해할 수 없는 우주의 영역을 만났다."

일부 용기 있는 물리학자는 그들이 소중히 지켜온 가설이 틀릴 수도 있다는 사실을 인정하기 시작했다. 물질적 현실의 근본 교리로는 더 이상 버틸 수 없다는 사실을 그들도 인정하고 있다. 심지어 의식 자체가 물리적 세계를 만들어낸다는 사실까지 인정할 정도다. 양자 박사로 널리 알려진 물리학자 프레드 앨런 울프 Fred Alan Wolf 박사는 이에 대해 다음과 같이 말했다.

"한마디로 요약할 수 있다. 우주는 그 우주를 인식하는 자가 없다면 존재하지 않는다."

지금도 너무 늦었다

"편견의 배열만 바꾸면서 그것을
생각이라고 생각하는 사람이 아주 많다."
- 윌리엄 제임스 William James, 철학자

내가 25년 동안 수련하고 가르쳐온 영적 심리학의 자습서 《기적 수업 A Course in Miracles》은 의식이 물질계를 만든다는 사상을 지지한다. 이 책은 우리 인간이 삶을 경험하는 방법을 미리 결정하고, 우리가 보고 싶은 것을 미리 선택한다고 말한다.

문제는 우리 모두가 대단히 큰 불만을 가지고 세상을 바라본다는 점이다. 구차한 삶의 과정을 바꾸기 위해 해야 할 일이라고는 세상에 대한 지속적인 불만을 극복하고, 다른 현실을 적극적으로 보고 기대하는 것뿐이다. 지금 우리는 모든 시간과 관심과 의식을 우리가 원하지 않는 것에 바치고 있다. 그러나 그것은 단지 하나의 나쁜 습관일 뿐이다. 그리고 우리가 가진 다른 습관처럼, 의식하고 노력하면 얼마든지 바꿀 수 있는 습관일 뿐이다.

그것은 그것이 아니다

"오감의 경험 위에 세운 세계에 대한 개념은
더 이상 적절하지 않고, 여러 면에서 타당하지 않다."
– 샤피카 카라굴라Shafica Karagulla, 정신과의사

우리가 고향이라고 부르는 행성은 지금 대략 시속 1,500킬로미터 속도로 자전하며, 시속 10만 7,000킬로미터라는 무서운 속도로 태양 주변을 돈다. 그러나 지구상에 존재하는 우리들은 말술을 들이켜지 않고서는 그런 속도를 느낄 수 없다. 이것은 우리가 현실을 왜곡하는 하나의 사소한 예에 불과하다.

이처럼 우리가 당연하게 여기는 개념과 판단은 거의 모두가 왜곡된 결과에 불과하다. 태어난 순간부터 우리의 마음은 일정한 지각 유형을 수립한 다음, 그에 맞지 않는 다른 모든 것은 걸러낸다. 다시 말해 우리는 우리의 매우 제한된 지각에 부합되는 것만 선별해 '경험한다.'

언젠가 필리핀에서 온 어떤 아가씨가 정말 신기한 일이라며 자신의 경험을 내게 이야기해준 적이 있다. 그녀는 머리 색깔이 붉은 사람들을 자주 만났지만, 그런 사실을 눈치챈 것은 미국에 도착하고 나서도 한참 지난 뒤였다고 했다. 붉은색 머리카락은 그녀가 미국에서 보게 될 것이라고 생각한 머리카락이 아니었기 때문이었다. 여러 달 동안 그녀는 붉은 머리를 주관에 따라 검은 머리라고 생각해왔던 것이다.

인간의 두뇌는 매초 약 4,000억 비트의 정보를 접한다고 과학자들은 말한다. 0을 4,000억 개 인쇄하려면 웬만한 크기의 책 60만 권이 필요

하다. 두말할 필요도 없는 엄청난 현실이다. 그러면 이렇게 엄청난 정보 앞에서 우리는 어떻게 해야 하는 걸까? 정보를 걸러내야 한다. 그리고 범위를 좁혀야 한다.

'저쪽 정보를 몇 개 추려야겠군. 어디 보자, 이성 문제잖아? 그래, 지금 방영 중인 내 연속극에 딱 맞는 얘기네.'

그렇게 결국 거의 다 걸러내고 2,000비트 정도만 추린다. 어서 그 정보들을 받아들여라. 그 정도라도 대단하니까. 말을 할 때도 매초 2,000비트의 정보를 이야기한다. 그러나 여기에도 문제가 있다. 우리가 받아들이기로 한 것은 저기 밖에 있는 것의 1퍼센트의 100만 분의 1의 절반밖에 안 된다는 사실이다.

펜촉으로 점 하나를 찍어라. 이것을 1비트의 정보라고 하자. 열심히 연습하면 1초에 점 5개 정도는 찍을 수 있을 것이다. 좋다. 당신이 나보다 실력이 월등히 낫다고 하자. 당신은 점 10개를 찍을 수 있다. 앞서 점 하나는 1비트의 정보라고 했다. 1초에 두뇌가 처리할 수 있는 정보의 양을 만들려면 초당 10개라는 아주 빠른 속도로 거의 3.5분 동안 계속 점을 찍어야 한다. 당신의 두뇌가 이용할 수 있는 정보(점 4,000억 개)를 모두 처리하려면 821년이 걸린다!

우리의 두뇌는 끊임없이 가능성을 걸러내 그중에서 보고 믿을 수 있는 정보를 골라낸다. 순전히 게으름 때문에 우리가 지각하기로 택한 것(그렇다. 어디까지나 선택이다)은 대부분 우리가 이미 아는 것이다. 오래전 언젠가 내렸던 결정이다. 우리는 실제 세계가 아니라 세계에 대한 매우 압축된 버전을 보고 듣고 느끼고 맛보고 만지고 냄새 맡는다. 이것은 문자 그대로 우리의 두뇌가 조합한 버전이다. 나머지는 알지 못하는 사이에 그냥 밀고 들어온 것이다. 하버드대학의 신경학자 존 몬셀John Maunsell은 말했다.

"사람들은 실제로 있는 것을 본다고 생각하지만, 사실 그렇지 않다."

두뇌가 어떤 정보를 받아들이기로 결정하면, 일단 여러 신경세포 사이에 다리를 놓고 신경섬유를 꼬아 신경경로를 만든다. 보통 사람은 1,000억 개의 신경세포를 갖고 있으며 각 신경세포는 무수한 연결선을 갖고 있어 두뇌에는 여러 개의 고속도로가 만들어진다. 당신 두뇌와 조니 뎁Johnny Depp의 신경경로 지도는 위스콘신과 로드아일랜드의 지도만큼이나 다르다.

신경경로가 만들어지면, 당신은 다른 지방을 여행하는 일을 그만둔다. 내 고향 캔자스를 가로지르는 70번 고속도로가 좋은 비유다. 《오즈의 마법사 The Wizard of Oz》에서 캔자스는 흑백으로 황량하게 그려지지만, 믿거나 말거나 캔자스에는 지리적 경계표로 삼을 만한 명물이 많다. 예를 들어 북서쪽 구석에는 작은 그랜드캐년이 있고 퀸터라는 마을 근처에는 캐슬록이라는 일곱 개의 단층으로 이뤄진 거대한 석회암층이 있다. 그러나 캔자스를 통과하는 사람들은 70번 고속도로를 벗어나는 법이 거의 없기 때문에, 이런 지리적 구조물이 존재하는 줄은 짐작도 못 한다. 그들은 아름답고 볼 만한 것들을 하나도 못 본 채 캔자스가 황량하고 지루하다고 단정한다. 그러나 그것은 사실이 아니다.

가장 밋밋하고 가장 빠르고 가장 쉬운 길에 70번 고속도로를 놓은 고속도로 설계자들처럼, 우리는 그중 복잡하지 않은 길을 골라 그 위에 신경경로를 세운다. 대부분 전에 많이 다녔던 길이다. 그러나 그런 길이 현실을 보여주는 것은 아니다. 가까이 접근하게 해주지도 않는다. 우리는 그곳에 있는 모든 것을 보는 것이 아니라 821년짜리 중에 겨우 3.5분 분량만 본다.

두뇌의 길과 고속도로는 아주 일찍이 건설된다. 누구나 태어날 때는 모든 가능성을 가지고 있다. 언어를 예로 들어보자. 갓 태어난 아기는 모든 언어의 모든 소리를 발음할 능력이 있다. 혀를 요란하게 굴리는 스페인어의 'r' 발음도 할 수 있고, 독일어의 'ch'처럼 막힌 듯한 후음도 낼 수 있다. 그러나 아주 이른 시기에 두뇌는 매일 듣는 소리만 가지고 신경경로를 엮어버리고, 다른 언어의 다른 발음을 하는 부분은 아예 없애버린다.

영어를 쓰는 사람들은 대부분 '롤링 록 리얼리 라우지즈 롤랜드 래틴스키Rolling Rock really rouses Roland Ratinsky' 같은 말을 따라 할 수 있다. 그러나 중국 사람이 영어를 배우려면 조금 문제가 생긴다. 그들에게는 영어의 'r'을 제대로 발음할 신경경로가 없기 때문에, '프라이드 라이스fried rice'를 '플라이들 라이스flied lice'라고 발음한다. 독일어의 후음이 들어간 단어를 발음할 때면, 내 독일어 신경경로가 제대로 발달되지 않았음을 발견하게 되는 것과 똑같은 이치다.

매일 꾸는 꿈을 보면 마음이 어떻게 가상-현실 게임을 만드는지 그

과정을 살펴볼 수 있다. 어젯밤 꿈속에서 몰리 세이퍼Morley Safer(TV 프로그램 〈식스티 미니츠60 Minutes〉의 방송기자 - 옮긴이)가 당신 집 현관에 나타나 황당한 질문을 해댈 때는 난감하기 짝이 없었지만 분명 현실 같았다. 그러나 아침 해가 떠오른 뒤 알람시계가 울리면 몰리와 〈식스티 미니츠〉의 인터뷰는 비누거품처럼 순식간에 꺼져버리고 만다.

우리의 신경경로는 전에 갔던 곳을 재방송한다. 〈인어공주〉를 보고 또 보는 세 살짜리 어린아이처럼, 우리는 비틀린 환영을 악착같이 붙들고 놓지 않는다. 아무리 환영이 우리를 비참하게 만들지라도, 우리는 우리가 만든 재앙을 믿기를 더 좋아한다.

우리는 사물을 형태로 관찰한다

"신앙은 전혀 필요 없다. 필요한 것은 상상력이다.
생각이 또렷하다면, 그것은 바로 이 순간에도
맥트럭Mack truck(픽사의 애니메이션 〈카Car〉에 나오는 트럭 - 옮긴이)처럼
당신 위를 질주한다."
— 리처드 바크Richard Bach, 소설가

늘 하는 말이지만, 에너지를 전환하는 법은 매우 중요해서 읽고 쓰고 셈하는 것을 가르치듯 이것 역시 중점을 두고 가르쳐야 한다. 이런 기술들은 모두 의도를 가지고 시작한다. 그것은 모든 것 뒤에 놓인 힘이다. 그것은 에너지이고, 연료이고, 공명장을 설치하고 가능성 파장을 가능성의 장으로 보내는 전하電荷다. 에이브러햄-힉스Abraham-Hicks의 물질

을 쉽게 설명한 에스더 힉스Esther Hicks는 에너지 전환을 "욕망의 로켓을 발사하는 행위"라고 불렀다. 에너지 전환에 주의를 기울이면 질량이 늘어난다.

어떤 것을 의도하는 순간, 당신은 그것을 만들어낸다. 그것도 즉각적으로. 그것은 실질적인 것으로 존재한다. 하지만 아직은 그것을 볼 수 없다. 당신이 여전히 직선적인 시간에서 사고 활동을 하기 때문이다. 당신은 여전히 '뭔가를 만드는 데는 시간이 필요하다'는 낡은 사고의 틀에 집착한다. 그래서 당신은 계속 일하며 기다린다. 그리고 최근에 읽은 자기계발서에 나오는 일곱 가지 단계를 따른다.

그러나 물리학자들은 말한다. 양자 세계에서 사건은 단계적으로 일어나지 않는다. 그것은 즉각적으로 일어난다. 그래서 의도하는 것은 그것을 의도하는 순간 존재한다. 그러나 슈뢰딩거의 고양이(오스트리아의 물리학자 에르빈 슈뢰딩거Erwin Schrodinger가 1935년에 고안한 유명한 사고 실험. 밀폐된 상자 안에 독극물과 함께 있는 고양이의 생존 여부를 이용해 양자역학의 원리를 설명했다 - 옮긴이)처럼 당신은 당신이 관찰하기로 작정한 현실만을 알 수 있다. 물리적 현시는 여전히 현재 당신의 의식 밖에 묻혀 있다.

요즘 물리학자들은 삶이 다차원적이라고 말한다. 그러나 우리는 대부분 오감으로 경험한 것에 국한된 일차원적 물리적 현실에 매달린다. 확실하다는 관찰 도구를 가지고 경험한 것도, 사실 따지고 보면 우리가 찾기로 작정한 것에 지나지 않는다. 결코 닭이냐 달걀이냐 하는 논쟁이 아니다. 오감을 통해 보고 느끼고 경험하는 것은 그것을 보고 느끼고 경험하기로 결정한 후에 나타난다.

의식은 거대한 고층 건물에 비유할 수 있다. 나는 2층에 살고 있지만, 내가 내 생각으로 만들어낸 것은 17층에 있을 수도 있다. 17층에 도달할 때까지 내게 그것은 여전히 없는 것과 같다. 그래서 나는 여전히 기다리고 또 기다린다.

쉽게 이해되지 않는가? 이는 TV 수상기에도 비유할 수 있다. 케이블 TV 서비스를 신청하면 100개가 넘는 채널을 볼 수 있다. 하지만 우리가 실제로 보는 것은 한 번에 하나의 채널뿐이다. 코미디 프로그램에서 코미디언들이 익살을 떠는 장면을 보고 키득거릴 때, 다른 99개 채널에서는 무슨 장면이 나오는지 알 수 없다. 그래서 자신이 진정 원하는 채널에 머무르는 것이 정말 중요하다. 빠져나가고 싶은 현실에는 방송 시간을 주면 안 된다. 지금 현재 내가 가장 바라는 것에만 채널을 맞추어야 한다.

좋아하지 않는 프로그램으로 채널을 돌리는 이유

"우리는 한계를 숭상하는 세상에 산다."
– 타마 키브스 Tama Kieves, 《이젠 춤춘다 This Time I Dance!》 저자

1. 우린 사실 여기 없다

그리고 지금 이 순간에도 없다. '지금'은 힘의 핵심이다. 그래서 의식적으로 잡념을 없애는 요가 수행자는 힘들이지 않고 심박수와 맥박과

다른 신체 기능을 바꾼다. 여기 있는 것이 아니라면, 마음에 무얼 하라고 요구하려 해도 마음이 없어서 그렇게 할 수 없다. 매 순간 의식적으로 각성하도록 연습하는 것이 절대적으로 필요하다. 그렇지 않다면 다섯 살도 되기 전에 물려받아 굳어진, 고리타분한 믿음에 따라 행동하기 십상이다. 당신은 앞으로도 다섯 살짜리 아이 같은 상태로 계속 살아가고 싶은가?

내 의식이 지금이 아닌 곳에서 작동한다는 사실을 발견할 때(불행하게도 우리는 대부분의 시간을 그렇게 보낸다) 나는 조용히 이런 비유를 떠올린다. UPS(미국의 대표적인 배송업체 - 옮긴이) 배송 기사는 내가 원하는 것 한 가지만 우리 집에 배달해준다. 그러나 나는 집을 떠나 있기 때문에 그 사실을 알지 못한다. 나는 꿩 사냥을 하기 위해 나와 있다. 내가 내 의식을 지금이라는 무시간성으로 되돌린다면, 모든 것은 바로 그곳에 있다.

2. 우리는 그것이 어렵다고 말한다

하지만 생각으로 힘을 창조해내는 것은 아주 쉬운 일이다. 토론하고 말 것도 없다. 그러나 우리는 친구나, 특히 우리 자신에게 그것이 어렵다고 되풀이해서 말한다.

오늘부터 며칠 뒤에 그동안 얼마나 자주 '어렵다' 또는 '만만치 않다'고 단언했는지 세어보라. "세상 일이 다 그렇지 뭐" 또는 "집안 내력이야" 같은 말을 얼마나 자주 했는지 살펴보라. 우리는 효과가 없었던 것을 이야기하는 데 너무 많은 시간을 보내기 때문에, 정작 중요한 것, 즉 효과가 있는 어떤 것을 만드는 힘을 자신이 가지고 있다는 사실을 놓쳐 버리고 마는 것이다.

3. 우리는 부정적인 것을 따라다닌다

우리가 연구하는 것들을 한번 훑어보라. 질병, 문제점, 과거의 재앙, 죄다 그런 것들이다. 무엇에 대비하기 위한 것인가? 비상사태다. 우리는 문제에 달려들어 묻기를 좋아한다.

"뭐가 잘못됐지?"

이런 부정적인 낡은 모델을 바꿔야 한다. 제대로 된 것을 찾기 시작하는 순간, 삶은 상상할 수 없을 정도로 흥미롭고 새로운 방향으로 질주하기 시작한다. 그리고 중요한 사실 하나. 잘못된 것(사실 그것은 성급한 판단일 뿐이다)은 예외 없이 이면을 가지고 있다. 부족은 풍족의 이면이다. 질병은 건강의 이면이다. 두 가지 개념은 동시에 존재한다. 둘 다 사실이다. 그러나 한 가지 측면을 고르는 순간, 똑같은 가능성을 가진 다른 측면은 모습을 감추고 만다. 불행하게도 시간과 공간의 의식 속에 사는 한, 당신은 한 번에 동전의 한쪽밖에 관찰할 수 없다. 그러나 다른 쪽도 현실이고, 동전은 언제든지 뒤집을 수 있다. 풍족과 부족 같은 대립 개념은 둘 다 진실이다. 문제는 당신이 어떤 현실에서 살 것인가 하는 점이다.

4. 우리는 정말로 그것을 가졌다고 생각한다

우리는 일단 어떤 것을 정의 내리면 더 이상 거기에 의문을 품지 않는다. 어떤 것을 알게 되면, 그것은 바로 당신의 현실이 된다. 그러나 어떤 것을 안다는 것은 지극히 제한적인 개념이다. 양자역학적으로 말하면, 그것은 파장을 무너뜨려 신비와 경이로움과 새로운 발견의 여지를 남겨두지 않는다. 한쪽 팔로 책을 한아름 안고 다른 팔로 물건이 가득 들어 있는 묵직한 쇼핑백을 들고 있는 상태에서는 더 이상 어떤 것을 들 수 없지 않은가.

당신은 아는 것이 많다. 아까 그 고층 건물 2층 벽에 학위 수여증을 여러 개 걸어놓고 있는지도 모른다. 그러나 다른 '층(다른 차원들)'도 있다. 그리고 당신이 아는 것이 다른 가능성을 막을지도 모른다.

5. 마음은 아주 강력해서 외부에서 더욱더 강력한 어떤 것을 만들어낼 수 있다

그래서 실험을 할 때는 실험이 효과 있다고 믿을 수 있을 만큼 판단을 한참 뒤로 미루는 것이 필요하다. 그 실험이 엉터리라고 확신한다면, 당신은 그런 견해를 지지할 자료를 수집할 것이다.

6. 우리는 사실 제대로 연습을 하지 않았다

삶을 향해 이렇게 하라고 말하기 위해 가능성의 장을 사용하지만, 그것은 지적 훈련이 아니다. 이론도 아니다. 그것은 실천이다. 악보 보는 법을 연습하는 것과 같다. 아니면 탁구를 배우는 것과 같을 수도 있다.

타이거 우즈Tiger Woods가 US아마추어골프선수권대회에서 우승했을 때 그는 겨우 열여덟 살이었지만, 그는 이미 16년째 하루도 쉬지 않고 연습해온 터였다. 그리고 그는 지금도 계속 컨디션을 조절하고 연습하는 데 하루 대부분의 시간을 바친다.

지혜를 알 수는 없다. 다만 지혜로울 수 있을 뿐이다. 그래서 이 책이 필요하다.

다른 채널 고르기

"정신적 노예 상태에서 자신을 해방시켜라.
우리 자신 이외에 그 누구도 우리의 마음을
자유롭게 해줄 순 없다."
– 웹사이트 '그린리빙Green Living'에서 판매하는 차량용 스티커의 문구

이 책의 목적은 미혹에 갇힌 당신을 해방시키고, 사실이라고 믿었던 당국의 조작된 보도자료를 버리도록 만드는 것이다. 다행히도 행동을 바꿀 필요는 없다. 마음만 바꾸면 된다.

아마존Amazon(미국의 대표적인 온라인 서점 – 옮긴이)에 들어가보라. 몸을 바꾸는 법에 관한 책을 말 그대로 수천 권은 찾을 수 있을 것이다. 세어보니 '빵'에 관한 책과 CD만 678개가 존재했다. 그러나 감히 말하지만, 마음을 가꾸는 책은 단 한 권도 찾아볼 수 없었다. 마음은 미리 세팅이 되어 있고 신경경로가 왜곡되어 있기 때문에, 모든 문제는 그곳에서 비

롯된다. 프레드 울프같이 용기 있는 물리학자들이 이미 인정한 것처럼, 물리적 실재를 만드는 것은 의식이다. 마음은 따끈따끈한 빵도 만들 수 있다.

그러나 신발 가게에 가서 우유를 살 수는 없다. 아무리 몸을 바꾸려 해도, 사람들과의 관계를 바꾸고 모자란 부분을 채우려고 발버둥을 쳐도, 마음을 바꾸고 마음을 가꾸는 법을 배우지 않고서는 효과를 볼 수 없다.

마음을 다스리는 것이 핵심임을 알더라도 평생 이렇게 해야 한다고 생각하면 보통 어려운 일이 아닐 것이다. 그러나 이 책에 나오는 실험처럼 시간을 정해놓고 한다면, 한번 해볼 만하다. 그것은 9단계 프로그램과 같다. 영원히 맨정신으로 살겠다고 계획하면 성공할 리 없다. 한번에 한 가지씩 해보는 것은 어떨까? 그 정도면 한 번쯤 시도해볼 만하지 않은가.

여기 나오는 실험은 두 가지를 제외하면 그 결과를 보기까지 각각 48시간 정도밖에 걸리지 않는다. 인간의 평균 수명이 70세라고 할 때, 70년 정도를 사는 동안 겨우 이틀만 투자하면 된다. 아무리 무기력하고 내키지 않아도 그 정도면 할애할 만하지 않은가?

왜 48시간이라는 시한을 정했을까? 흔히 있는 마감 시간 원칙이라 해두자. 마감 시간이 주어지면 편집자는 대략 그 시간쯤에 정해진 원고를 받아 검토를 시작해야 한다는 사실을 안다. 초록색 우편함에서 왼쪽으로 돌면 약속장소가 보일 것이라는 말만 듣고 낯선 시골길을 헤매는 것보다는, 조금 전 돌았던 모퉁이에서 12.5킬로미터 더 간 곳에 우편함이 있다는 것을 알고 차를 몰면 약속장소를 찾기가 훨씬 쉬울 것이다. 그런 얘기를 듣지 않았다면 혹시 못 보고 지나치지는 않았을까 불안해서 왔던 길을 되돌아갈지도 모른다. 미리 시한을 정해놓으면 그것에 충분히 주의를 기울일 수 있다.

예전에 나는 본격적인 프리랜서 작가로 전업해야 할지 결정하지 못해 가능성의 장에 조언을 구한 적이 있다. 조그만 회사에서 주당 20시간씩 일을 하면서 부업으로 글을 쓰고 있을 때였다.

"나는 지금 회사에서 일하는 것이 정말 좋아. 하지만 나는 정식 프리랜서 작가가 되는 것이 꿈이야. 기부금 권유서를 쓰기 싫어서가 아니라 이젠 내 이야기를 쓰고 싶고, 내가 좋아하는 대상에 열정을 불사르고 싶어서야. 어떻게 생각해?"

나는 이미 많은 일감을 받고 있었다. 그런데 전국적으로 유명한 잡지사에서 전화가 왔다. 나는 계약서를 쓰고 몇 가지 칼럼 주제를 받았다. 그 정도면 충분한 답이 될 수도 있었다. 그러나 나는 똑똑한 편이 아니다. 그래서 확실한 신호를 원했다.

"나는 우연으로 치부할 수 없는 신호가 필요해. 무작정 기다릴 수는 없어. 구체적인 마감 시간을 요구할 거야. 24시간 내에 알아야겠어."

다음 날 나는 다니던 회사에서 해고되었다.

프리랜서 작가로 일하게 된 뒤 얼마 지났을 때, 벌이가 시원치 않아 나는 또다시 고민에 빠졌다. 나는 여기저기 이력서를 보냈다. 위기를 느낄 때마다 나는 늘 그랬다.

아니나 다를까, 몇 주 지나지 않아 일자리 제의를 받았다. 지방노선 버스를 위해 마케팅 자료를 쓰는 일인데(좋다, 2주 내 흥미로운 일자리를 제안받았다는 말은 하지 않았다), 내가 그때까지 벌었던 것보다 더 많은 보수를 주겠다고 했다. 내가 무슨 여유가 있다고 그런 제의를 포기할 수 있었겠는가?

그런데 내가 정말로 프리랜서라는 직업을 그만둘 각오가 되어 있는 것인지 고민이 됐다. 나는 다시 한 번 분명한 신호를 요구했다. 버스 회사에 가부를 통고해줄 필요가 있었기 때문에, 이번에도 24시간 내 확답을 받아야 했다.

바로 다음 날 아침, 〈트래블 앤 레저 Travel + Leisure〉에서 전화가 걸려왔다. 내가 가장 기고하고 싶었던 잡지사였다. 나는 전화를 끊고 소리쳤다.

"됐어!"

그리고 주먹을 불끈 쥐었다. 그러나 내 가이드는 그날 요란을 떨 기분이 아니었던 모양이다. 채 15분도 지나지 않아 듣도 보도 못한 잡지사에서 전화가 걸려와 캔자스시티 스테이크에 관한 글을 청탁했기 때문이다. 나는 내 보스가 될 뻔했던 사람에게 전화해서 말했다.

"고맙습니다만, 사양하겠습니다."

《기적 수업》에서 말한 것처럼 왕국에 있다는 것은 왕국에 온 신경을 집중시킨다는 뜻이다. 그 외에는 어떤 것도 인식할 생각을 하지 말아야 한다.

지금 우리의 마음은 우리가 원하지 않는 것에 빠져 있다. 긍정적인 의도는 마음의 아주 작은 한 귀퉁이만 차지하고 있다. 나머지는 그 의도가 제거하길 바라는 문제에 집중돼 있다. 다시 말해 우리 지력의 대부분은 부족함, 좋지 않은 관계, 하늘에서 불벼락을 던지는 신 같은 낡은 믿음에 빠져 있다.

마음의 99.9퍼센트를 원하지 않는 것에 계속 쏟아붓는 이유는 그것이 세상의 기본적인 설정이고 그것을 정상으로 규정하기 때문이다. 세상의 기본 설정은 홍수와 지진에 관한 뉴스를 보고, 사촌의 간질병에 관한 이야기를 듣고, 그리고 말한다.

"거 봐. 내가 뭐랬어?"

적어도 이론적으로는 다른 방법이 가능하다는 것을 알지 모르지만, 세상의 기본 설정을 무시하기는 거의 불가능하다.

파산을 예로 들어보자. 파산하기를 바라는 사람은 거의 없다. 그 점에는 누구나 동의할 것이다. 그러면 어떻게 해야 할까? 파산을 면하도록 온 마음을 바쳐야 한다. 열심히 일하고, 주식중개인에게 전화를 걸어야 한다. 부자가 되는 법을 가르쳐주는 책과 기사를 읽고 부자가 되기 위해 노력해야 한다. 하지만 그렇게 한다고 해서 모두 부자가 되는 것은 아니다. 이미 자신이 부자가 아니라는 생각에 마음을 바치고 있다는 사실을 까맣게 잊고 있기 때문이다. 결과적으로 파산을 미리 결정해 버린 셈이다.

부자가 된 느낌에 온 마음을 쏟아붓고, 우리 삶에서 이미 분명한 풍족한 모든 존재, 그러니까 우리 가족과 멋진 친구들에게 감사하는 데 몰두한다면, 파산하는 일은 절대로 없을 것이다. 생각을 파산하는 데 바치기 때문에 파산을 경험하는 것이다. 마음은 그 정도로 강력한 힘을 지니고 있다.

내 친구 칼라는 빈털터리가 되었다고 느낄 때야말로 바로 나가서 쇼핑을 해야 할 때라고 굳게 믿는 타입이다. 그것도 당장 말이다.

"불길한 생각은 걷어차버려야 해."

칼라는 늘 그런 식으로 말한다.

언젠가 미시간 주의 매키노아일랜드를 취재차 여행하던 중에 나도 직접 실험해본 적이 있다. 프리랜서 작가로 막 첫발을 내디뎠지만, 밥이나 먹고살 수 있을지 확신하지 못하던 때였다. 나는 으리으리한 그랜드호텔에 묵었지만, 옷가방에 쑤셔 넣은 옷들이 너무나 초라하다는 사실을 잘 알고 있었다. 심지어 200미터 길이의 주랑 현관에서 차에 곁들인 비스킷을 우적거리는 그랜드호텔의 손님들에 비할 바는 더더욱 아니었다. 나는 그냥 편한 복장이었다. 당연히 정장을 해야 하는 다섯 가지 코스 요리는 쳐다볼 수도 없는 상태였다.

그때 나는 불쑥 고급 선물 가게로 들어갔다. 화려한 실크 드레스가 눈에 들어왔다. 가격표를 슬쩍 훔쳐보았더니 내가 낼 수 있는 돈의 범위를 훨씬 벗어난 금액이었다. 평상시 옷 한 벌에 쓰던 돈의 네 배 정도는 됐다.

하지만 나는 그 옷을 가져야겠다고 생각했다. 나는 그토록 되고 싶었던 성공한 프리랜서 작가의 '역할을 연기'했다. 나는 망설이지 않고 그 드레스를 샀다. 그렇게 내가 새로 만든 경력에서 재정적 성공으로 가는 길을 포장했다.

집 안에 뛰어든 강아지처럼

"누구나 세상을 바꿀 생각을 하지만,
자신을 바꿀 생각을 하는 사람은 없다."
— 레프 톨스토이|Lev Tolstoy, 소설가

나처럼 꾸물거리고 쉽게 헷갈리고 산만한 두뇌를 가진 사람이라면, 마음을 바꾸는 일이 쉽지 않을 것이다. 이런 경우, 집 안에 뛰어든 강아지를 생각해보라.

당신은 그저 그 녀석을 다시 밖에 내놓고 다른 현실을 보여주며 녀석이 깨달을 때까지 기다리면 된다.

"와, 밖에 나와 보니 넓고 온전한 세계가 있구나. 나무와 숲과 소화전에 쉬 하면 집 안에 있는 낡은 슬리퍼에 쉬 하는 것보다 훨씬 더 재미있겠다."

당신 역시 그 녀석을 밖에 내놓았을 때 활용할 수 있는 아름다움에 놀랄 것이다. 깊은 평화가 찾아올 것이다. 기쁨이 솟아날 것이다.

하고 싶은 일에만 마음을 쏟으면 된다. 평화를 원하면 평화를 생각하라. 사랑을 원하면 사랑을 생각하라. 명품 하이힐을 갖고 싶으면 명품 하이힐만 생각하라. 평화가 어렵지 않을까, 사랑이 달아나지 않을까, 명품 하이힐을 사면 통장이 바닥나지 않을까 하는 생각은 하지 마라. 마음을 오직 원하는 것에 맞춰라. 그리고 강아지가 슬리퍼에 달려들면 녀석을 밖으로 내보내라.

영화 〈맨 온 파이어 Man on Fire〉에서 전직 특수부대 요원인 덴젤 워싱턴 Denzel Washington은 부유한 멕시코 사업가의 어린 딸 피타의 경호원이 된다. 덴젤은 아이의 사생활에 간섭하지 않으려 하지만, 결국은 피타의 아빠 노릇까지 하게 된다. 그는 피타의 숙제를 도와주고, 피타가 수영 팀에 들어가게 도와준다. 피타에게 피아노는 아빠가 시켜서 억지로 하는 것이었지만, 수영은 좋아서 하는 것이었다. 풀장에서 계속 피타를 연습시키던 덴젤은 피타에게 소리친다.

"선수는 두 종류가 있지. 훈련된 쪽과 안 된 쪽. 넌 어느 쪽이야?"

피타는 맞받아 힘차게 소리친다.

"훈련된 쪽요!"

나도 같은 질문을 반복하겠다. 당신은 마음이 훈련된 쪽인가, 안 된 쪽인가? 지체 없이 "훈련된 쪽이다!"라고 맞받아 소리칠 수 있기를 바란다.

마지막으로 전기공학자인 찰스 프로테우스 스타인메츠 Charles Proteus Steinmetz의 다음 이야기를 기억하라.

"앞으로 가장 위대한 발견과 개발은 영적인 쪽에서 나올 것이다. 가장 위력적이었다고 역사가 분명히 가르치고 있지만, 여태껏 가지고 놀기만 했을 뿐 물리적 힘처럼 진지하게 연구해본 적이 없는 그런 힘이 여기 있다. 물질적인 것은 행복을 가져다주지 않으며, 사람들을 창의적으로 강하게 만드는 데도 별로 소용이 되지 않는다는 사실을 알게 될 날이 올 것이다. 그때 세계의 과학자들은 실험실을 영적인 힘을 연구하는 용도로 바꿀 것이다. 그런 날이 오면 과거에 네 세대 정도에 걸쳐 이루었던 발전을 한 세대도 안 걸려 이루게 될 것이다."

"모든 인생은 실험이다.
실험을 많이 할수록 인생은 더 좋아진다."
– 랄프 왈도 에머슨Ralph Waldo Emerson, 수필가

앞으로의 실험:
편견을 버리고 마음을 여는 일

하얀 가운을 입고 우스꽝스러운 보호 안경을 쓰고 신소재 탄소나노 튜브로 만든 거창한 장비를 들 필요는 없다. 그저 마음을 열고 관찰하고 찾아낸 것을 기록하고 새로운 관점으로 사물의 틀을 짤 의지만 있으면 된다.

화학에 낙제했던 사람들은 이참에 재교육을 받아보자.

과학의 기반

"나는 그 어떤 것에도 충격을 받지 않는다. 나는 과학자다."
— 디자이너 J. 버트런드J. Bertrand가 만든 티셔츠에 적힌 문구

1. 과학이란 정확히 무엇인가?

웹스터 사전에 따르면, 과학은 '연구나 실습을 통해 얻은 지식'이다.

과학은 흔히 이론으로 시작한다.

2. 좋다. 그러면 이론은 무엇인가?

대부분의 사람에게 이론은 모호하고 분명치 않은 사실이다. 그러나 흔히 말하는 과학 이론은 기존의 관찰을 설명하고 새로운 관찰을 예측하는 개념적 체계를 의미한다. 하나의 이론에 대한 인정은 그 이론을 제시한 사람의 권위나 설득력이 아니라 누구나 할 수 있는 관찰과 실험으로 얻어진 결과를 토대로 만들어진다. 예를 들어 중력 이론은 2층 침대에서 뛰어내리는 개구쟁이부터 제물로 바친 양을 건너뛰는 부두교 성직자까지 누구나 입증할 수 있다. 사실 이론을 증명하기 위한 대부분의 실험은 수십 번, 아니 수천, 수억 번 반복된다.

과학 이론의 또 다른 특징이 있다. 실험으로 그것이 사실이 아니라는 사실도 입증할 수 있다는 점이다. "화성에는 푸른색 피부의 키 작은 사람들이 살고 있는데 우리가 잡으려고 하면 도망간다"는 진술의 경우, 우리는 그것이 틀렸다는 사실을 입증할 수 없다. 이론적으로 그 화성인은 누가 쫓을 때마다 항상 사라지기 때문이다.

그러나 "화성인은 존재하지 않는다"라는 진술은 과학적이다. 화성인을 한 명 잡아 〈굿모닝 아메리카_Good Morning America_〉(미국 ABC 방송사의 아침 뉴스 프로그램 - 옮긴이)에 출연시키면 그 이론이 거짓이라는 것을 입증할 수 있기 때문이다.

3. 그러면 가설은 무엇인가?

쉽게 말해 가설은 추측의 동의어다. 그러나 과학자에게 가설은 세상이 작용하는 법을 설명하는 '발효 중인 가정'이다. 모든 실험은 가설에서 시작된다. 누구나 세상이 작동하는 법칙을 관찰한 다음 가설을 만들 수 있다. 그 가설을 바탕으로 실험을 해서 진릿값을 알아낼 수 있다. 가설은 보통 논박하거나 입증할 수 있는 하나의 진술로 표현된다. 가설은 '만약……라면' 같은 진술(만약 내가 이런 것을 하면 저런 일이 일어난다)로 표현된다. 예를 들면 'x가 발생하면 y가 나온다' 또는 'x가 증가하면 y도 증가한다' 같은 문장이 있다. 우리는 이 같은 가설을 사용해 과학적 방법을 형성해간다.

4. 잠깐만, 과학적 방법이라고?

과학적 방법은 보통 거짓말이나 망상 가운데서 진리를 골라내는 가장 좋은 방법으로 받아들여진다. 간단히 말하자면 이런 것들이다.

질문을 한다.
정보를 수집한다.
가설을 세운다.
가설을 검증한다.
자료를 기록하고 연구한다.
결론을 내린다.

과학적 방법의 큰 이점은 어느 한쪽으로 치우치지 않는다는 점이다. 과학적 방법은 모든 사람에게 똑같이 작용된다. 과학적 방법에 의한 결론은 머리카락 색깔이나 추구하는 종교나 구두 크기에 상관없이 모두에게 유효하다.

몇 가지 기본 규칙

"당신은 환상적이고 용감하고 호기심이 있기 때문에 그런 행동을 한다. 그렇다. 당신은 아마 약간 미쳤는지도 모른다. 그리고 그것은 좋은 것이다."
− 크리스 베이티Chris Baty, 나노라이모National Novel Writing Month, NaNoWriMo 설립자

이제부터 소개할 각 장에서는 중요한 영적 원칙과 그것의 타당성을 입증할 경험적 과학 실험이 하나씩 제시될 것이다. 이들 실험은 차례로 하나씩 해도 되고(대부분의 사람이 그렇게 한다. 첫 번째 실험을 하고 나면 너무 재미있기 때문이다), 아니면 조금 시간 간격을 두었다가 해도 된다. 이번 주에 하나를 하고, 다음 주에 또 하나를 해보라. 어디까지나 하는 사람 마음대로다.

실험을 시작하기 전에 과거의 조건을 포기하겠다고 마음을 다잡아라. 나는 보통 《기적 수업》에 나오는 금언으로 시작한다.

"마음을 열고 나를 미혹시키는 모든 잡념을 몰아내라."

그런 다음 부단히 살펴가며 증거를 받아들여라. 자동차 열쇠 꾸러미

를 찾는 식으로 증거를 찾아라. 지갑 속, 호주머니, 신발장 위 등 보통 물건을 자주 놓는 곳을 먼저 찾아본다. 소파 위에 놓인 쿠션을 들춰보고, 침대 밑에 머리를 들이밀어 보고, 고양이가 오줌을 누는 모래를 뒤적여본다. 중요한 것은 여기저기 뒤지느라 더러워진 손에 자동차 열쇠 꾸러미가 잡힐 때까지 찾는 일을 멈추지 않는 것이다.

싱크대 세척제를 사러 슈퍼마켓에 갔다면, 이런저런 물건으로 가득 채워진 진열대에서 그걸 찾아내기 전까지 집에 오지 말아야 한다. 존 그리샴John Grisham의 신작 소설을 사겠다고 해놓고 서가의 'ㅈ' 섹션이 어딘지 찾을 수 없었다는 궁색한 변명을 하며 돌아서는 사람은 없을 것이다. 우리는 무언가를 사러 갈 때 그것이 그곳에 있다는 사실을 잘 알고 간다.

각 장의 끝에는 실험 보고서가 있다. 과학자들이 사용하는 실험 보고서와 그 양식이 비슷하다. 우선 각각의 실험을 시작한 시간을 적는 것이 중요하다. 메모를 하고, 알아낸 사실을 빠짐없이 기록하라. 지도가 세밀할수록, 심도 있는 연구를 위한 자료를 확보하기가 쉬워질 것이다. 인식과 경험을 기록할 때는 당신이 옳다는 사실을 입증할 수 있는 세부 사항을 얻기 위해 잘못될 위험도 기꺼이 무릅써야 한다.

자, 이제 무모한 과학자가 될 준비가 되었는가?

Part 2

생각을 현실로 창조하는
아홉 가지 실험

"다른 사람들은 모두 영원을 기다리지만,
무당들은 말한다. '오늘 밤은 어때?'"
— 알베르토 비욜도Alberto Villoldo, 심리학자

대장 원칙:
세상에는 무한한 가능성의 장이 존재한다

이 실험은 우주에 자애롭고 풍부하고 모든 것을 알고 있는 힘이 있다는 사실을 입증할 것이다. 어떤 사람은 그 힘을 신이라고 하고, 또 어떤 사람은 '프라나prana', 즉 '그곳에 있는 모든 것'이라고 한다. 뭐라 해도 상관없다.

문제는 지금까지 우리가 이런 힘을 의심 없이 받아들였다는 사실이다. 그것은 볼 수도, 만질 수도 없었다. 십일조처럼 그 이름으로 많은 것을 해야 했고, 묵상하고, 참회해야 했다. 나는 쌍방통행이 가능한 길에서 움직이는 에너지 장이란 개념을 더 좋아한다. 가는 것이 있으면 오는 것도 있어야 하지 않은가?

이 실험에서 우리는 지금 당장이 아니면 기회가 없다는 사실을 가능성의 장에 알릴 것이다. 숨바꼭질하며 재미있어하는 것은 더 이상 필요 없다. 우리가 원하는 것은 반박할 수 없는 증거다. 그것도 지금 당장 원한다. 가능한 한 빨리 필요하다.

이제 가능성의 장에 정확히 48시간을 주고 우리에게 신호를 보내도록 할 것이다. 우리가 요구하는 것은 외면할 수 없는 신호, 더할 나위 없이 분명한 신호다. 네온사인처럼 선명한 신호 말이다.

이 힘이 모호하고 신비롭다는 생각을 받아들였기 때문에, 우리는 그것을 찾을 수 있을 것이라는 기대를 하지 않는다. 설사 찾지 못하더라도 놀라지 않는다. 우리는 예의주시하도록 훈련받은 적이 없기 때문에, 모르는 사이에 이런 고무적이고 활기를 주고 인생을 바꾸는 힘이 우리 안에서, 우리 주변에서 우리를 통해 갑자기 증가하더라도 전혀 알아채지 못한다.

에너지 장은 전기와 같다

> "당신의 약으로 옥수수를 키울 수 없다면
> 그것을 무엇에 쓰겠는가?"
> – 태양곰Sun Bear, 치페와족 노인

천국을 기다리고 싶은 사람들에게는 그렇게 하라고 하라. 전기를 거부하는 현대인과 다를 바 없지만 어쩔 수 없는 일 아닌가? 전기를 이용하려면 콘센트를 찾아 플러그를 끼우기만 하면 된다. 어떤가? 노릇노릇 잘 구워진 식빵, 전파를 타고 흘러나오는 신나는 음악, 영화와 뉴스, 무인도에서 민달팽이를 먹는 사람의 이야기 등 갖가지 멋진 것들을 손에 넣을 수 있지 않은가?

에너지 장도 전기와 다를 바 없다. 아니, 다를 바 없다고 생각하도록 우리 자신을 훈련시켜야 한다. 우리 중 누구도 '토스터기의 플러그를 콘센트에 끼울 만큼 선한 일을 했나?' 아니면 '주방 조명을 켤 자격이 있을 정도로 정성 들여 기도를 했는가?', '저녁 식사 후 소파에 느긋하게 앉아 TV를 볼 만큼 정직하게 행동했나?' 같은 생각을 하지는 않을 것이다.

라디오를 켜고 싶은 생각이 들었다고 해서 죄의식을 느낄 사람은 없다. 정말로 가능성의 장을 찾기로 작정한다면 그것도 전기처럼 편견 없이 이용할 수 있다.

찾기도 어렵지 않다.

우리가 믿는 신

"사람들이 신을 믿었으면 하고 바라는 사람이 있지만,
신은 그렇게 만만한 상대가 아니다."
– 바버라 파크Barbara Park의 〈앙상한 뼈Skinny Bones〉에서
알렉스 프랑코비치Alex Frankovitch가 한 말

이제부터 사람들이 말하기 꺼리는 곤란한 문제에 대해 말해야겠다. 그렇다. 신에 관한 이야기다.

당신이 양배추 잎 아래에서 방금 기어 나온 벌레가 아니라면, 신이라고 불리는 양반의 이야기를 익히 들어봤을 것이다. 당신이 만약 기

독교 신자라면 일주일에 하루는 그분을 경배하는 데 바칠 것이다. 사람들은 그를 경배하기 위해 온갖 모양으로, 온갖 크기로 다양한 건물을 짓는다. 신문들은 정치면, 사회면, 날씨, 십자말풀이 바로 다음에 종교면을 놓는다.

'대장dude(컬트무비의 고전 〈위대한 레보스키 The Big Lebowski〉에 나오는 주인공의 별명)' 같은 말은 어떤 문화에나 존재한다. 물질과 에너지의 속성과 그 상호작용을 연구하는 것이 그들이 하는 일의 전부인 것처럼 보이는 물리학자들조차 보이지 않는 힘의 존재를 인정한다. 그들은 그것을 신이라 부르지 않을 뿐이다.

예를 들어 아인슈타인은 절대자로서 신에 대한 신앙을 천명하지 않았지만, 우주 저 밖에 대단한 활력을 가진 어떤 존재가 있다는 사실만큼은 분명히 알고 있었다. 그 활력이야말로 그가 정말로 관심을 갖는 전부이며, 나머지는 모두 그에 대한 세부적인 설명일 뿐이라고, 그는 밝힌 바 있다.

사람들이 믿는 신은 인간의 발명품으로, 편의를 위해 조작된 존재일 뿐이다. 우리는 이렇게 인간이 만든 신을 확실한 사실로 받아들인다. 그러나 그것은 이치에 맞지 않다. 신이 사랑이라면, 신이 완전하다면, 신이 자비란 자비를 다 갖다 붙일 수 있는 너그러운 분이라면, 어떤 이는 왜 사자 굴에 던져지겠는가? 더구나 우리가 왜 자신을 벌주며 즐거워하는 변덕스럽고 부당한 어떤 신과 관련 맺기를 원하겠는가? 아무리 얼빠진 사람이라도 자신에게 손해를 입힐 양반과 가까이해서는 안 된다는 것 정도는 알 것이다. 누가 그런 양반을 필요로 하겠는가?

테러리스트 신

*"신이 존재하는지는 잘 모르겠지만,
평판을 생각하면 존재하지 않는 편이 더 좋았을 것이다."*
– 쥘 르나르Jules Renard, 소설가

알파벳을 겨우 떼자마자 내가 배운 것은 나, 팸 그라우트가 용서받을 수 없는 죄인이고, 신의 영광을 나타내기에는 턱없이 부족한 미미한 존재라는 사실이었다. 그것은 2 더하기 2는 4고, 알파벳에서 L-M-N-O-P가 한 글자가 아니라는 것만큼이나 분명한 사실이었다. 그나마 위안거리가 있다면, 적어도 나만 그런 것은 아니라는 사실이었다. 알고 보니 세상 사람들 모두가 죄인이었다. 한 주 걸러 한 번씩 내가 기르는 거북이 포키를 유치원에 데려와도 된다고 허락해주시는 다정한 베크위스 선생님도 죄인이었다.

죄인이라서 안 좋은 것은 지옥행 편도 티켓을 받아놓았다는 사실이었다. 나는 캔자스 경계를 벗어나본 적이 없었기 때문에 내 손으로 지옥을 어떻게 해보기는 어려울 것 같았다. 그런데 아빠의 말씀에 따르면 지옥은 어떤 사람도 가기 싫어하는 곳이라고 했다. 그곳은 햇볕이 쨍쨍 내리쬐는 한여름에 에어컨이 고장 난 테드 삼촌의 텍사스 집보다 더 덥다고 했다. 게다가 나흘만 지나면 끝나는 여름방학과 달리, 지옥에선 영원히 살아야 한다고 했다. "영원히"라는 말을 이해시키기 위해 아빠는 12월 26일에 다음번 크리스마스를 기다리는 기분을 떠올려보라고 말씀하셨다.

다행스러운 것은 "구원받을" 수 있다는 면책 조항이 있다는 사실이었다. 이 사실을 알게 된 나는 네 살 때 교회 오르간에서 〈지금 내 모습 그대로 Just as I Am〉가 연주되는 동안 캔자스 캔턴의 작은 감리교회 강단 앞으로 나아가 4년밖에 안 된 여린 무릎을 꿇고 주님께 빌었다.

"제 죄를 용서해주세요."

긴 줄 뒤에 서 있던 내 가족들은 모두들 안도의 한숨을 내쉬었다. 바로 그날 밤 아빠와 엄마는 삼촌과 숙모 들에게 전화를 걸어 기쁜 소식을 알렸다. 두 분은 자랑스레 말씀하셨다.

"우리 큰애가 정식으로 구원받았어. 이제 팸은 천국에 갈 수 있을 거야."

기독교의 전당에 들어서서 내가 하나님의 진정한 자녀가 되어 가장 좋은 것은 여동생 베키와 남동생 바비에게 모범이 될 수 있다는 점이라고 아빠와 엄마는 생각하셨다. 베키는 두 살이고, 바비는 겨우 생후 3개월이었다. 나는 바비가 말할 수 있을 때까지 두 분이 기다려주기를 남몰래 간절히 바랐다.

물론 내 운명을 운에 맡기고 싶지는 않았다. 예수님은 밤이든 낮이든 때를 가리지 않고 돌아오신다고 했다. 예수님은 밤손님 같았다. 예수님은 아침에 시리얼 그릇에 우유를 잔뜩 부은 뒤 휘젓는 순간에 오실 수도 있었다. 정글짐에 거꾸로 매달려 쉬는 동안에 오실지도 몰랐다. 심지어 내가 깊이 잠든 새벽 2시에 오실 수도 있었다. 깊이 잠이 들 경우엔 문제가 될 수 있다. 내가 잠에서 부스스 깨어 정신을 차리기 전에 예수님이 나를 낚아채 갈 수도 있기 때문이었다.

그런 것은 생각하기도 싫었다. 에어컨이 멀쩡할 때도 테드 삼촌 댁은 정말 더웠기 때문이다.

나는 내가 정말로 죄 많은 사람이라는 사실을 받아들이는 법을 배웠지만, 그와 동시에 "하나님은 사랑"이라는 말도 되풀이해서 들었다. 하루 24시간, 1년에 365일 일거수일투족을 감시하는 몰래카메라처럼 교회는 하나님을 선물했다.

도무지 말이 되지 않았다. 그러나 나는 겨우 네 살이었다. 내가 뭘 알았겠는가?

나는 하품 날 정도로 완벽한 모범생이었지만(전과목 A를 받았고, 형제들과 싸우지 않으려 애썼고, 마약과 술을 멀리했으며, 엄마가 잔소리를 하지 않아도 스스로 침대를 정리했다), 저 높이 하늘에 앉아서 내가 한심한 짓을 할 때마다 회심의 미소를 지으며 손을 문지르고 계신 '사랑하는 하나님'이 나를 내려다보며 끊임없이 질책하고 계시는 눈길을 수시로 느낄 수 있었다.

하나님 맙소사(아이쿠, 불경스레 그분의 이름을 또 부르고 말았네!), 그런 일은 아주 자주 있었던 것 같다. 무슨 유산이기에 순진한 아이에게 이런 행패인가.

신을 향한 오해 ••

"신에 대한 우리의 개념은 그분보다는
우리 자신에 관해서 더 많은 것을 말해준다."
– 토머스 머턴Thomas Merton, 시인

지나가는 사람에게 신을 믿는지 물어보면, 아마 이렇게 대답할 것이다.
"나 참, 뭘 당연한 걸 물어?"

그러나 그런 사람도 정확히 신이 어떤 의미인지 자신에게 묻는 법은 드물다. 재차 다그쳐 묻는다면, "저 위에 있는 양반"이라는 빤한 답을 할지도 모른다.

물론 신은 정의할 수 없다. 전기나 빛이 정적인 개념이 아니듯 신도 정적인 개념이 아니다. 신은 물질, 모양, 형식을 초월한 곳에 있다. 신은 우주를 채우고, 실재를 포화 상태로 만들며, 시간과 공간을 의미 없게 만든다. 하지만 그렇다고 우리가 신을 정의 내리려는 노력조차 하지 않는 것은 아니다. 여기 우리가 신에 관해 만든 대표적인 오해 여덟 가지를 살펴보자.

오해1: 신은 남성이다

그렇지 않다. 진보적인 교회가 하나님을 여성명사로 받는 경우를 가끔 볼 수 있지만, 신은 남성도 여성도 아니다. 신은 사실 성性이 없다. 우리는 미스 전기니, 미스터 중력이니 하는 말을 쓰진 않는다. 좀 더 적절한 대명사는 '그것'이다. 가능성의 장은 우주를 달리는 힘의 장이고,

꽃을 기르고 상처 난 무릎에 딱지를 앉게 하고 온전함을 위해 끊임없이 밀어붙이는 에너지원이다.

신은 〈스타워즈Star Wars〉에 나오는, 어디에나 존재하는 포스force와도 같다. 그것은 우리 안에 머무는 존재이고, 우리가 삶의 기준으로 삼는 원칙이다. 〈스타워즈〉의 두 주인공 루크 스카이워커Luke Skywalker와 다스 베이더Darth Vader가 그런 현상이 된 것도 그 때문이다. 〈스타워즈〉는 우리의 본성과 본능을 흔들며 말을 거는 신화다. 그 포스가 우리와 함께 있고, 우리의 말과 생각과 행동이 이 세상을 창조한다는 사실을 우리는 안다.

오해 2: 신은 너무 바빠 사실 나에게 신경 쓸 겨를이 없다

천만의 말씀이다.

당신이 수신함the accepted box을 믿는다면, 신은 《앵무새 죽이기To Kill a Mockingbird》의 등장인물 부 래들리Boo Radley와 닮았다고 생각하면 된다. 이 수수께끼 같은 이웃은 골방의 창문으로 끊임없이 밖을 몰래 내다보며 우리가 '못된 짓'을 하기만을 기다린다. 우리는 그를 제대로 볼 수 없지만 그가 거기 있다는 사실은 들어서 알고 있다. 그는 우리의 일거수일투족을 지켜보고 판단하고 감시한다.

마찬가지다. 당신이 계명을 따르지 않거나 그 계명을 깬다면, 하나님은 몰래 천사를 내려 보내 당신의 머리를 때릴 것이다.

오해 3: 신은 편애한다

아니다. 가능성의 장은 누구나 공평하게 이용할 수 있는 힘의 장이다. 가능성의 장은 특정한 소수에게만 주어진 특별한 능력이 아니라 우리 모두의 내면에 있는 자연스러운 능력이다. 사실 예수가 가장 먼저 가르친 교훈도 바로 이것이다.

"하나님은 당신 안에 있다. 당신은 하나님의 일부다. 당신은 기적을 일으킬 수 있다."

예수를 경배하려면 처음 전기를 발견했다는 이유로 벤저민 프랭클린Benjamin Franklin을 존경하듯 해야 한다. 프랭클린은 위험을 무릅쓰고 천둥 번개가 치는 날 연을 날려 그가 입증한 원리를 사용해 우리가 일상생활 속에서 편의를 도모할 수 있게 했다. 그가 연을 날린 것은 자신을 경배할 사원을 짓게 하고, 그의 초상을 그리게 하고, 목에 염주를 걸게 하기 위해서가 아니었다.

그는 우리가 전기의 원리를 터득해 널리 사용하길 바랐다. 덕분에 우리는 라디오를 듣고, 컴퓨터를 사용하고, 에어컨으로 더위를 식힐 수 있게 되었다. 예수를 경배하듯 프랭클린을 경배했다면 우리는 모두 어둠 속에서 살았을 것이다.

예수가 영적 원리를 발명하지 않은 것처럼 프랭클린은 전기를 발명하지 않았다. 번개와 그로 인해 발생하는 전기는 언제든 사용할 수 있게끔 우리 곁에 존재했다. 다만 우리가 그것을 깨닫지 못하고 그것에 접근하는 법을 몰랐을 뿐이다. 갈릴레오 갈릴레이Galileo Galilei도 그렇다.

그가 피사의 사탑에서 나무 공을 떨어뜨려 중력을 발명한 것이 아니다. 그는 중력을 증명했을 뿐이다.

마찬가지로 예수는 영적 원리를 증명했고, 그것을 우리가 사용하고 계발하기를 바란다. 그런데 우리는 예수가 가르친 원리를 사용하지는 않고, 예수라는 우상을 경배하는 데 2,000년이나 낭비했다. 성경책을 아무리 샅샅이 뒤져도 예수가 "나를 경배하라"라고 말한 부분을 찾을 수는 없다. 예수가 우리에게 요구하는 것은 한마디로 "나를 따르라"이다. 달라도 많이 다르다.

예수를 영웅으로 만드는 바람에 우리는 핵심을 놓쳐버리고 말았다. 예수는 이렇게 말하지 않았다.

"나는 대단하다. 그러니 나의 동상을 만들고, 나의 탄생일을 휴일로 정해 성대하게 축하하고 즐겨라."

예수는 그저 이렇게 말했다.

"무엇을 할 수 있는지 보라. 우리 인간이 무엇을 할 수 있는지 보라."

예수는 우리의 형제고, 우리의 전설이고, 우리가 닮아야 할 분이다. 예수는 교회와 종교 지도자와 그들의 현란한 수사가 하나님의 진리를 몰아냈다는 사실을 우리에게 알려주려고 했다. 마찬가지로 가능성의 장은 경배 대상이 아니라 매우 실질적인 존재이며 우리가 의지하고 살아야 할 원리이지만, 그들은 그런 사실을 함구함으로써 우리를 현혹시켰다.

오해 4: 신은 우리의 고통을 보상하고, 우리의 희생에 상을 내린다

이는 '사는 게 뭣 같지만 언젠가는 죽는다Life sucks and then you die.'라는 표현으로 더 잘 알려져 있다. 우리는 현재의 삶이 천국으로 가기 위해 거치는 일종의 훈련소라고 생각하는 경향이 있다. 이 세상에서의 짧은 삶은 종국에 얻게 될 천국을 위한 하나의 시험일 뿐이라고 믿는다. 어떻게든 참고 버티다 보면, 언젠가는 저 진주의 문을 지나 우리가 꿈꾸고 바라온 행복을 얻게 될 것이라 확신한다.

그렇게 생각하다 보면 살아 있다는 것 자체가 고역의 순간으로 느껴질 수밖에 없다. 슬픔과 시련의 불가피성보다 더 분명한 것은 그 무엇도 없으니 말이다.

그러나 꼭 그런 것이 아니라면? 가난하게 살아야 할 이유가 없다면? 병들고 아프지 않아도 된다면? 풍족하고 흥미로운 삶을 살지 말라는 법이 없다면? 현재의 비참하고 힘겨운 삶이 교회가 만들어낸 또 다른 소문이라면? 오랜 세월에 걸쳐 조건 지어져 우리의 의식으로 굳어진 것이라면?

당신이 기다리는 천국은 지금 여기 있다. 당신이 누구이고 무엇을 할 수 있는지 모른 채 당신은 속아왔을 뿐이다.

오해 5: 신은 요구하는 것이 많다

그렇지 않다. 신은 판단하지 않는다. 신은 벌하지 않는다. 신은 생각하지 않는다.

'흠, 새미가 어제 착한 일을 했군. 할머니가 길을 건너는 것을 도와드렸단 말이지? 복권에 당첨되게 해달라는 기도를 들어줘야겠어.'

클레런스 토머스Clarence Thomas(미 연방대법원 판사 - 옮긴이)라면 그렇게 생각할 수도 있다. 하지만 신은 어떤 것도 필요로 하지 않는다. 신은 우리에게 아무런 요구도 하지 않는다. 무언가를 하라고 보채지도 않는다.

신은 셀린 디온Celine Dion은 아니지만 그렇다고 테레사 수녀Mother Teresa도 아니다. 뭘 모르는 인간이 세상을 이해해보려고 발버둥 치다가 신을 생각해냈을 뿐이다. 그렇게 만들어낸 신은 우리의 인생에 들어와 '안 내면 술래, 가위바위보'를 외치며 편을 가른다. 그뿐인가. 우리가 좋아하는 사람을 좋아하고, 우리가 싫어하는 사람을 싫어한다. 정말 그럴까? 그럴 리 없다. 우리의 두려움이 우리를 인식이 매우 제한된 상자 안에 가둔 것일 뿐이다.

오해 6: 신에게 너무 많은 것을 요구하면 안 된다

신을 귀찮게 하면 안 된다. 이미 지적한 바 있지만, 신은 인격이 아니다. 따라서 조른다는 말 자체가 성립되지 않는다. 신은 하나의 힘이고 보이지 않는 에너지 장이다. 그것은 유한하지도, 한계가 있는 것도 아니기 때문에 아무리 많은 것을 요구해도 지나친 법이 없다. 속담에도 있듯이, 물 한 방울, 아니 한 양동이를 떠가도 바다는 전혀 개의치 않는다. 오히려 우리는 신의 힘을 제대로 사용하기 어렵다고 봐야 한다.

신은 막판에 등장하는 긴급구조대가 아니라, 언제든 의지할 수 있는 전능한 힘이다. 신은 당신이 협상 테이블에서 만나 설득해야 할 상대가 아닌 것이다.

오해 7: 신은 안개에 싸여 있다

그 반대다. 판단을 흐리는 소문과 반쪽 진실의 검은 안개를 걷어내면, 보이지 않는 힘이 닥터 필^{Dr. Phil}(심리학자이면서 재미있는 인생 상담으로 큰 인기를 얻고 있는 TV 프로그램의 진행자 필 맥그로^{Phil McGraw} – 옮긴이)만큼이나 분명하게 소통할 수 있는 대상이라는 사실을 알게 될 것이다. 일단 장애물을 제거하면 무엇을 해야 할지, 어떻게 해야 할지가 분명하게 드러난다.

전기를 생각하듯 신을 생각하도록 스스로를 다잡을 필요가 있다. 전기는 누가 전기 주전자 플러그를 끼우든 상관하지 않는다. 전기는 토스트기 플러그를 끼우기 전에 당신이 빵을 구울 자격이 있다는 증거를 보여달라고 요구하지 않는다.

오해 8: 신은 선한 자와 준비된 자에게만 응답한다

신, 즉 '포스'는 언제나 모든 사람을 올바른 길로 인도한다. 파란 신호등이 들어오거나, '감옥 탈출' 카드가 나오길 기다릴 필요도 없다. 그에게 온전히 집중하면 하루 24시간, 일주일 내내 이 대단한 분을 당신의 뜻대로 활용할 수 있다. 신은 라디오에서 흘러나오는 노래 가사를 통해, 오랫동안 소식이 끊겼던 친구에게 걸려온 전화를 통해 우리를 안내한다. 사람들이 평소와 다른 말을 할 때 귀 기울여 들어라. 집중하면 찾아낼 수 있다. 계속 반복하지만, 중요한 것은 온 신경을 동원해 집중하는 일이다.

그리고 신의 의지가 화제에 오르면, 그것을 테이블에 올려놓아라. 요즘 새로 그려지는 신의 모습 중에는 영원한 고통의 지옥에 사람들을 밀어넣지 못해 안달하는 가학적인 모습 따윈 없다. 질병이나 장애나 죽음이나 가난이나 어떤 종류의 한계가 신의 의지라는 생각이 들어설 여지도 없다. 그런 말들을 고집스레 되풀이하는 사람들에게, 신의 의지란 되고 싶은 것은 무엇이든 될 수 있는, 영혼에 대한 내면의 끊임없는 갈망이라는 사실을 보여줘라.

방법

"약간 비정상적이고 분별없이 살기로 마음을 먹자, 어떤 신비한 경험들을 할 수 있게 되었다."
— D. 패트릭 밀러D. Patrick Miller, 피얼리스 북스Fearless Books 설립자

이 실험에서는 전지전능하고 완벽한 신의 증거를 찾는 데 48시간을 바칠 것이다. 그것을 '하나님'이라고 부르는 것이 편하다면 그렇게 해도 좋다. 다행히 신은 당신이 있을 만하다고 생각하는 장소라면 어디에나 존재한다.

우선 신에게 축복을 빌거나 뜻밖의 선물을 요청하라. 당신은 신에게

48시간을 주고 흔히 받을 수 없는 선물을 보내달라고 요구하면 된다. 예를 들면 편지에 동봉된 깜짝 수표나 옛 친구가 보낸 카드 같은 전혀 예상치 못한 것 말이다.

축복의 내용을 구체적으로 말할 필요는 없고(그런 축복은 나중에 아브라카다브라 원칙 실험 때 나온다), 단지 분명하게 정의된 요구와 구체적인 시한만 제시하면 된다. 늘 그렇지만, 그렇게 하면 선물을 인식하도록 도와달라고 부탁하는 데 도움이 될 것이다.

내 친구 웬디는 이 실험으로 예기치 않은 축복을 하나도 아니고 두 개씩이나 받았다. 그녀의 상사가 느닷없이 불러 시급을 1달러 인상해주었고, 가까운 친척이 죽기 전에는 연락 한 번 하지 않던, 게다가 다른 주에 살고 있는 오빠가 갑자기 와서 그녀가 이사하는 것을 도와주었다. 이전에 여섯 번이나 이사했지만 이런 적은 한 번도 없었다.

또 다른 친구 로빈은 48시간의 시한을 정해놓고서 실험을 했는데, 그 과정에서 차를 몰다가 멋진 수제품 가죽지갑을 발견했다. 그녀가 그런 실험을 하고 있다는 것을 전혀 모르는 친구가 차 안에 남기고 간 선물이었다. 그녀는 내게 너무 마음에 드는 지갑이라 지금도 늘 가지고 다닌다고 말했다.

당신이 어떤 생각을 하느냐에 따라 결과는 천차만별이다. 당신이 바라는 선물은 아주 소박한 행복일 수도 있다. 공원 벤치에 앉아 있던 내 친구 줄리 옆에 한 번도 본 적이 없는 두 살짜리 사내아이가 와서 앉은 적이 있다. 둘은 다시 만난 소울메이트처럼 서로를 바라보고 한참을 웃었다. 줄리는 아이를 보며 마음의 평화를 얻었다고 했다.

이런 소소한 일이 아니라 당신이 한 번도 꿈꿔보지 않은 매우 놀라운 일이 벌어질 수도 있다. 역시 실험을 하던 에릭이란 친구는 타호 호로 가는 공짜 스키 여행권이 생겼다.

에너지 장에 축복을 요구하는 것이 어떤 기분인지 자세히 메모하라. 불안하면 불안한 대로, 당신이 이기적이라 생각되면 그렇게 생각되는 대로, 무작정 뭔가 좋은 것을 요구하는 것이 적절한 행동인지 궁금하면 궁금한 대로 그 기분을 적어라. 이런 느낌은 예리한 통찰력을 가져다줄 것이다.

내가 과연 선물을 받을 자격이 있는지 의심이 들지도 모른다. 그런 생각은 에너지 장에 신호를 보내 그것의 공진에 영향을 준다. 어쩌면 뭔가 반드시 필요한 것만 요구해야 할 것 같은 생각이 들지도 모른다. 이런 신호 역시 에너지 장에 무선으로 전달된다.

실험을 제대로 하려면 의심을 버려야 한다. 영원히 버릴 필요는 없고 48시간만 버리면 된다. 오직 이틀이라는 짧은 기간 동안 증거를 보겠다는 기대를 하면 그만이다.

선명한 색깔로 '대장'을 볼 수 있기를 기대하라. 온 마음을 바쳐 기대하라. 온 영혼을 다 바쳐 기대하라. 다른 그럴듯한 가설처럼 이것 역시 기대를 저버릴 수 있다. 48시간 이내에 아무런 답변도 듣지 못했다면 마음 편히 단념하라.

다음은 이번 실험에서 유념해야 할 사항들이다.

1. 실험을 시작할 시간을 택하라. 보통 '지금'이 가장 좋다.
2. 날짜와 시간을 적어라.
3. 가능성의 장에 그 존재를 알리라고 요청하라. 축복을 구하라. 다음 페이지에 이어지는 실험 보고서에 열거된 '의도'나 '접근'을 반복해도 좋다. 물론 직접 정해도 된다.

이게 전부다. 시작하라. 그리고 관찰하라.

실험
보고서

원칙 대장 원칙

근거 세상에는 보이지 않는 에너지 장이나 무한한 가능성의 장이 존재한다. 청하기만 하면 그것은 당신의 것이 될 것이다.

질문 신은 존재하는가?

전제 연중무휴 모든 사람이 똑같이 사용할 수 있는 에너지 포스가 있고, 언제든 그것에 접근할 수 있다. 단, 집중해야 한다. 에너지 포스에 축복을 청하고, 구체적인 시한과 분명한 지시만 내리면, 그것은 내게 선물을 주며 말할 것이다. "분부만 하십시오."

필요한 시간 48시간

오늘 날짜 _____

시간 _____

마감 시간 _____

방법 이런 말을 털어놓기는 싫지만, 사람들은 수군거린다. 그들은 궁금증을 갖기 시작한다. "이 친구 진짜야?" 그러니까 더 이상 숨바꼭질 놀이는 그만하고 나의 현실과 얼마나 깊은 관계인지 보여주기 바란다. 지금부터 신의 존재를 알릴 수 있는 시간을 정확히 48시간 주겠다. 우연으로 치부할 수 없는, 내 편이라는 분명한 신호를 나는 원한다.

메모 _____

_____

_____

_____

"기적은 여드름과도 같아서, 막상 찾기 시작하면
생각했던 것보다 더 많이 발견된다."
— 레모니 스니켓 Lemony Snicket,
《위험한 대결 Unfortunate Events》 중에서

폭스바겐 제타 원칙:
당신의 믿음과 기대가 가능성의 장에 영향을 준다

우리의 생활 속에 나타나는 모든 것은 우리 내면의 생각과 감정이 직접적으로 반영된 결과다. 내 친구 린다가 언젠가 공항에서 보았던 한 젊은 여성 이야기를 해준 적이 있다. 그녀는 무거운 가방을 3개나 들고 낑낑대고 있었다. 그러나 감당하기 벅찬 짐보다 더욱 고약한 것은 그녀의 부정적인 태도였다. 그녀는 큰 소리로 버스가 오지 않는다며, 있는 대로 짜증을 냈다.

"왜 이렇게 버스가 안 오는 거야? 도대체 버스가 어디 있는 거야? 뭐 이런 경우가 다 있어?"

그녀는 계속 소리를 질렀다. 그녀를 그토록 화나게 한 그 버스가 바로 그녀에게서 다섯 발짝 떨어진 곳에서 문을 활짝 열고 있지만 않았어도, 린다는 그녀를 안쓰럽게 여겼을 것이다. 그 버스는 공항 주변을 두 바퀴나 돌면서 승객들을 태웠지만 그 젊은 여성은 계속 화를 내느라,

버스를 보지 못했다. 무거운 가방과 애꿎은 버스만 탓하는 바람에 버스가 그녀의 에너지 영역으로 들어오지 않은 것이다.

앞서 설명했지만, 내가 이 원칙을 인기있는 차 모델의 이름을 따 지은 것도 그 때문이다. 새로운 모델이나 새로운 브랜드나 새로운 제품이 한번 인식의 영역 안으로 들어오면, 우리는 어디를 가나 새삼스레 그것을 눈여겨보게 된다.

원하지 않는 것에 마음을 쏟을 때도 같은 현상이 일어난다. 부족함이나 불행이나 위험은 폭스바겐 제타처럼 아무 때나 볼 수 있는 것이 아니지만, 일단 그런 것을 의식 안으로 끌어들이면 애석하게도 그런 것들이 우리의 의식을 지배하게 된다.

물리학자들은 무슨 일이든 가능한 영점장$^{zero\text{-}point\ field}$(나는 이것을 가능성의 장이라고 부른다)이 존재한다고 말한다. 당신은 발레리나가 될 가능성도 있고, 미 상원의원이 될 가능성도 있다. 굶주린 노숙자가 될 가능성도 물론 있다. 긍정적인 방향이든 부정적인 방향이든 가능성의 장에 한계란 존재하지 않는다.

나는 물리학자도 아니고 데이비드 봄의 층위 실재론도 제대로 이해하지 못하기 때문에, 장에 대해 과학적으로 설명하기보다는 그것을 오만 가지 제품, 즉 가능성을 갖춘 거대한 월마트에 비유해 설명하기를 더 좋아한다. 하지만 내가 월마트를 좋아하지 않는다는 사실은 분명히 밝혀두고 싶다. 내가 즐겨 찾는 동네 구멍가게나 포목점을 하루 아침에 문 닫게 만드는 이런 대형 마트들을 나는 도저히 용서할 수 없다. 그러나 적은 돈이라도 아껴야 하는 싱글맘이다 보니 가끔 소신을 꺾고 대형 마트에 갈 때가 있다. 그래서 월마트에 자주 가지는 않아도 천이나 퍼즐이나 아이들 신발 등, 내게 필요한 물건이 어디에 있는지 정도는 나도 알고 있다. 하지만 그 외에 선반에 있는 오만 가지 제품들이 무엇무엇인지는 잘 모른다.

왜 그럴까? 내가 찾는 것들이 아니기 때문이다. 그런 것이 거기에 없다는 말이 아니다. 그런 것이 퍼즐이나 신발처럼 실질적이지 않다는 말도 아니다. 내가 그것을 알지 못한다는 말일 뿐이다.

언젠가 딸아이가 머릿니를 옮은 채 학교에서 돌아온 적이 있다. 머리를 벅벅 긁는 아이를 보다가 기겁한 나는, 근처 다리에 가서 아이 머리를 털어내려다 머릿니 방지 샴푸를 사용하는 것이 낫겠다고 생각을 고쳐먹었다. 그쪽이 좀 더 확실한 처방일 것 같았다. 머릿니 방지 샴푸를 찾아 헤매다 혹시나 하는 마음에 월마트에 갔는데, 아니나 다를까 수백 번도 더 걸었던 월마트의 한 통로에 머릿니 방지 샴푸가 줄지어 늘어서 있었다. 왜 전에는 이런 것이 보이지 않았지? 그때는 그것을 찾지 않았으니까.

우리를 옭아매는 사슬

"형편없는 착각, 터무니없는 상상, 불길한 악몽,
이 모두는 사실 아무것도 아니다."
– 《기적 수업》에서

몇 해 전 한 내기 경마업체가 추첨을 통해 100명을 뽑아, 가고 싶은 곳은 어디든지 공짜로 보내주겠다며 여행 경품을 내놓은 적이 있다. 운이 좋아 뽑힌다면 파리로 날아가 에펠탑을 보거나, 오스트레일리아의 울룰루를 오를 수도 있고, 아니면 카리브 해의 푸른 바닷가를 여유롭게 산책할 수도 있었다.

그런데 결과는? 당첨된 사람의 95퍼센트는 집에서 네 시간 이내에 갈 수 있는 곳을 목적지로 골랐다. 겨우 네 시간 말이다.

인간의 한계를 단적으로 보여주는 사례다. 저 밖에 흥미진진한 것이 무궁무진하지만, 우리는 대부분 네 시간 이내의 편안한 구역에서 벗어나지 않으려고 한다. 두 번 다시 없을 좋은 기회를 놓치고 있다는 증거가 너무도 분명하지만, 그래도 생각을 바꾸려고 하지 않는다. 자신이 잡은 기회를 제대로 의식하지 않고, 깨어 있는 시간 중 알짜배기 시간을 안전지대의 늪에서 허우적댄다. 소극적인 생각에 너무 강하게 이끌려, 이런저런 우울한 생각만 골라 해가며 세월을 보낸다. '또 잠을 너무 많이 잤어.' '이 전쟁은 터무니없는 짓이야.' '경제가 죽을 쑤는군.' '유가가 너무 비싸.' '상사(또는 내 아이) 때문에 미치겠어.' '어제 저녁 본 TV 쇼 때문에 이번 시험도 분명히 망쳐버리고 말 거야.'

부정적이고 두려운 생각은 태어난 순간 시작된다.

"애야, 저 밖은 무시무시한 세상이란다. 그러니 낯선 사람에게 함부로 말 걸지 마. 슈퍼마켓에서 시답잖은 노래 부르지 마. 누가 듣겠다."

우리는 한계를 배운다. 부족함을 인정하는 법을 배운다. 사랑하고 창조하고 춤추려는 우리의 자연스러운 성향이 비현실적이고 미친 짓이라고 배운다.

부모는 아이에게 어른처럼 책임감 있게 행동하라고 가르치는 것이 그들의 엄연한 임무라고 생각한다. 그리고 어쩌다 운이 좋아 이런 잔소리를 하지 않는 부모 밑에서 자라더라도 우리의 문화는 물질을 많이 모으는 것이 삶의 목적이고, 그런 좋은 것들을 손에 넣는 유일한 방법은 열심히 일하는 것이라고 우리를 세뇌시킨다. 우리는 초등학교에 다닐 때 이미 경쟁을 터득했고, 부족과 결핍을 견디는 데 아주 능숙해졌다.

그러나 아는가? 그것은 커다란 계략이고 나쁜 습관이라는 것을. 《기적 수업》에서도 분명히 말했지만, "어떤 종류의 사고 체계를 개발하면, 그것에 따라 살고, 그것을 남에게 가르치게 된다." 어떤 믿음을 형성하면, 모든 감각과 모든 삶을 그 믿음을 지속시키는 데 동원한다.

물리학자들은 이런 현상을 '파장의 붕괴 collapse of the wave'라고 부른다. 저기 밖의 우주장에서는 수많은 양자입자가 춤추며 돌아다니고 파장을 일으키며 뻗어나간다. 누가 이런 에너지 파장을 보는 순간, 그 파장은 냉장고 속의 젤라틴처럼 굳어버린다. 그런 파장을 단단하고 실질적이고 물질적으로 만드는 것은 당신의 관찰이다.

디즈니의 애니메이션 〈백설공주〉에서 백설공주가 숲속에 누워 울고 있던 장면을 기억하는가? 왕궁에서 도망친 백설공주는 어두운 숲속에 있는 모든 존재의 눈이 자신을 보고 있다고 생각한다. 실제로 숲속의 동물들 수십 마리가 이리저리 달려간다. 그런데 그녀가 머리를 들어 바라본 순간, 작고 귀여운 새들과 다람쥐와 사슴 들은 나무 뒤로 숨어버린다. 그녀의 눈에 보이는 것이라고는 육중한 모습으로 움직이지 않는 숲뿐이다.

우주는 무한한 가능성을 갖고 움직이는 에너지 장이다. 그러나 우리의 눈이 '문제 모드problem mode(명령의 실행 가능한 범위를 표시하는 모드 - 옮긴이)'에 고정되어 있기 때문에 그것이 현실처럼 보이는 것이다.

믿기 때문에 보인다

"사슬을 끊어낸 다음에야, 나를 묶었던 사슬을
만든 사람이 바로 나라는 사실을 깨달았다."
— 게리 레너드Gary Renard의 《우주가 사라지다The Disappearance of the Universe》에서

1970년에 케임브리지대학의 콜린 블랙모어Colin Blakemore와 G. F. 쿠퍼G. F. Cooper는 고양이를 가지고 흥미로운 실험을 했다. 아직 동물의 권리를 주장하는 사람들이 목소리를 높이기 전이었던 것 같다. 이들은 한 배에서 난 고양이 새끼들을 빛이 전혀 들지 않는 깜깜한 상자 안에 가두었다. 하루에 한 번씩 한두 시간 동안만 고양이들에게 빛을 보여주었는데, 그것도 흰색과 검은색으로 된 수직광선 몇 줄이 전부였다. 그뿐이었다. 하루에 두 시간 수직광선 두 줄. 과학자들이 양심의 가책을 느꼈는지, 아니면 때마침 동물보호단체 같은 것이 생겨 이들에게 압력을 넣었는지는 잘 모르겠지만, 몇 달 뒤에 이들은 고양이들을 풀어주었다. 그런

데 두 과학자는 수직이 아닌 방향에 반응하는 고양이의 피질세포(쉽게 말해 안구에 있는 세포)가 기능을 잃었다는 사실을 발견했다. 고양이들은 수평적인 선을 구분하지 못하고 바로 앞을 가로지르는 로프에 걸려 모조리 넘어지고 말았다.

1961년에 피그미족을 연구하던 인류학자 콜린 턴불Colin Turnbull은 피그미족 한 명을 숲 밖으로 데리고 나왔다. 그 피그미족 사나이는 탁 트인 평원에 나와본 적이 없었기 때문에, 깊이를 인식하는 그의 감각은 고양이의 피질세포처럼 사라지고 없었다. 턴불이 먼 곳에 있는 들소 떼를 가리켰지만 깊이 감각이 왜곡된 피그미족 사나이는 그의 말을 믿으려 들지 않았다.

"에이, 저건 개미예요."

피그미족의 인지 능력은 그가 습관적으로 보아온 대상의 영향을 받았다.

생각하는 존재로서 우리는 끊임없이 세상을 이해하려 한다. 좋은 말 아닌가? 하지만 우리의 믿음에 부합하는 정보가 아니면 따져보지도 않고 내친다. 우리는 무엇이든 주무르고 짜내어 우리의 제한된 믿음 체계라는 비좁은 상자에 두드려 맞춘다. 우리는 감각으로 지각한 것을 사실로 받아들인다. 그러나 누차 반복하지만, 그것은 실제로 있을 수 있는 일의 1퍼센트의 100만 분의 1의 절반 정도밖에 안 된다.

뇌간 밑부분에는 젤리만 한 영역이 있다. 이 영역의 세포들은 들어오는 정보를 분류하고 평가하는 기능을 한다. 망상활성체계reticular activating system, RAS로 알려진 이 관제소는 긴박하다고 판단되는 것을 뇌의 활성부분으로 보내고 긴박하지 않다고 판단되는 것은 뒤로 빼돌리는 역할을 한다. 그러나 그런 작업을 하면서, 망상활성체계는 또한 부지런히 해석하고 추론하고 우리의 믿음과 맞지 않다고 판단되는 것들을 걸러낸다. 다시 말해 우리는 우리가 보고 싶어 하는 세상을 미리 앞질러 연습한다. 설상가상으로 우리가 집어든 대본은 엉뚱한 대본이기 일쑤다.

이 간단한 48시간짜리 실험은 생활 속에서 보는 것은 다름 아닌 당신이 찾는 것일 뿐이라는 사실을 입증할 것이다. 또한 무엇이든 찾는 것이 가능하다는 사실도 아울러 입증할 것이다. 무엇보다 가장 중요한 것은 찾는 대상을 바꿈으로써 당신의 세계에 나타나는 것을 완전히 바꿀 수 있다는 사실이다.

생각이 현실을 만든다

"토토, 우리가 더 이상 캔자스에 있다는 생각이 안 들어."
– 캔자스 로렌스에서 본 범퍼 스티커의 문구

피터 캐디$^{Peter\ Caddy}$와 아일린 캐디$^{Eileen\ Caddy}$라는 이름을 아는 사람은 많지 않겠지만, 핀드혼^{Findhorn}이라는 이름은 들어본 적이 있을 것이다. 우편 배달 트럭을 넘어뜨릴 정도로 커다란 양배추를 생산하는 스코틀랜드의 공동체를 기억하는가? 캐디 부부는 무려 18킬로그램짜리 양배추를 길러냈다(보통 1.8킬로그램이 정상이다). 더 높은 진리에 대한 생각에 집중했기 때문에 가능한 일이었다. 그 외에 다른 것은 필요 없었다.

캐디 부부가 세 아들을 데리고 북해로 튀어나온, 거센 바람이 부는 핀드혼 만에 있는 이동주택으로 이사를 왔을 때, 그곳은 모래흙뿐인 척박한 땅이었다. 영성을 추구하는 동료 도로시 맥클린Dorothy Maclean도 이들과 함께 왔다. 정신이 제대로 박힌 사람이라면, 그런 곳에 정원은 고사하고 작물을 키울 엄두도 내지 않았을 것이다. 그곳 토양(토양이라 부르기도 뭣하지만)은 돌과 모래투성이였고, 강풍은 어린아이를 쓰러뜨릴 정도로 거셌다. 그들은 쓰레기더미와 허름한 차고 사이에 있는 지역에 터를 잡았다.

그러나 그들은 보다 고귀한 진리에 초점을 맞추면서 기적이라고밖에 표현할 수 없는 정원을 만들어냈다. 그들을 유명하게 만든 것은 18킬로그램짜리 양배추이지만, 캐디는 그 외에도 65종의 야채와 21종의 과일과 42종의 허브를 훌륭하게 키워냈다. 나중에는 화훼도 시작했다.

풍부한 퇴비나 특별한 유기농법 같은 것은 없었다. 사실 캐디 부부의 토양은 너무 척박해서 퇴비를 뿌려도 소용없을 거라고 농촌지도위원들이 잘라 말했을 정도였다. 캐디 부부가 그들만의 실험을 시작하기 전까지 그들은 호미 한 번 잡아본 적이 없는 도시 출신이었고, 게다가 원예용품에 투자할 돈도 없었다. 아무리 좋게 말해도 그들의 재정 상태는 파산 수준이었다. 인기 좋은 4성 호텔의 관리자였던 피터가 해고되면서, 그의 가족 여섯 명은 주당 20달러 정도의 실업수당에 의지해 살아갈 수밖에 없는 상황이었다.

그들은 채소를 기르기 시작했다. 세 명이나 되는 아이를 키우기에는 농사가 가장 좋은 직업이라고 생각했기 때문이다. 그러나 그들이 다른 모든 것을 배제한 채 오로지 영적 진리에 의식을 맞추기 시작하면서, 별의별 이상한 일들이 벌어지기 시작했다. 짚을 깔아야 할 때가 되자, 지나가는 트럭에서 밀짚 꾸러미가 떨어졌다. 테라스에 시멘트를 부어야 할 때에 맞춰, 이웃집 쓰레기통에서 쓰고 남은 시멘트 포대가 발견되었다. 인근 농장의 농작물은 병충해로 애를 먹었지만, 그들이 심은 농작물은 멀쩡했다. 사람들은 캐디의 정원으로 몰려들기 시작했고, 오늘날 핀드혼은 매년 1만 4,000명이 찾는 영성 공동체가 되었다.

피터는 말한다.

"생각으로 무엇이든 해낼 수 있다. 신의 의식God consciousness과 하나가 되면 물질적인 형태로 진리를 일으킬 수 있다. 다시 말해 생각하는 것을 만들어낼 수 있다."

당신의 의식 이외에 지상의 그 어떤 힘도 당신을 이런 원천에서 떼어낼 수는 없다.

방법 ••

"보고 있다고 생각하는 것은 모두 추측에 지나지 않는다.
그것은 두뇌가 만들어낸 예견일 뿐이다."
— 커트 앤더슨Kurt Anderson, 《진정한 신자True Believers》 저자

앞으로 48시간 동안(그게 전부다. 고통도 없는 이틀 동안의 임무다. 이 실험이 끝나고 구질구질한 삶으로 되돌아가든 말든 그것은 당신 마음이다), 무언가를 찾아라. 벌레를 해부하는 6학년 아이처럼, 뭔가 간단한 것(가령 초록색 자동차)을 가지고 시작하라. 초록색이 싫으면, 베이지색도 괜찮다. 첫 24시간 동안, 당신은 이런 의도를 의식적으로 되뇌어야 한다.

"나는 작정한다. 나는 내일 베이지색 차를 찾을 것이다."

특별히 필요한 것은 없다. 그저 눈을 크게 뜨고 의도하기만 하면 된다. 그런 다음 그 의식적 인식으로 보이는 베이지색 차의 수가 어떻게 달라지는지 눈여겨보기만 하면 된다.

둘째 날 두 번째 24시간 동안은 노랑나비를 찾기로 작정해보라. 아니면 자주색 깃털도 좋다. 그저 의도만 하면 된다. 내 친구 지넷은 1월에 미시간 반도에서 이런 실험을 하여 딸 친구의 생일파티에 소품으로 쓰인 종이컵에서 노랑나비들을 찾아냈다.

또 다른 친구 앤젤라는 비행기에서 《시크릿》을 읽고 있었다. 우주의 끌어당김의 법칙을 말하는 이 베스트셀러는 독자들에게 공짜 커피 한 잔을 받을 작정을 하라고 권했다. 그 구절을 읽는 순간 그녀는 웃음이 나왔다. 통로 저쪽에서 승무원이 승객들에게 음료를 권하고 있었기 때문이다.

"커피, 차, 음료가 있습니다. 무엇을 드릴까요?"

"에이, 이건 아니지."

그녀는 다시 공짜 커피를 받겠다고 작정한 후, 책의 다음 문단으로 옮겨갔다. 이후 비행기를 갈아타기 위해 공항 라운지에 잠시 머무는 동안 옆에 있던 낯선 사람이 그녀에게 말을 걸었다.

"제가 탈 비행기가 곧 출발한다는군요. 그런데 이건 가지고 들어갈 수 없대요. 입도 대지 않은 건데, 드시겠어요?"

방금 뽑은 스타벅스 라테였다.

실험 보고서

원칙 폭스바겐 제타 원칙

근거 당신의 믿음과 기대가 가능성의 장에 영향을 준다. 그 믿음과 기대만큼 가능성의 장에서도 당신을 끌어당긴다.

질문 정말로 보리라고 기대하는 것만 보는가?

전제 베이지색 차(또는 노랑나비나 자주색 깃털)를 찾기로 결심한 이상, 그것들을 찾을 것이다.

필요한 시간 48시간

오늘 날짜 _____

시간 _____

방법 머리가 약간 어떻게 된 것 같은 팸 그라우트라는 여자의 말에 따르면, 저 밖의 세상은 내가 보고 싶어 하는 것의 반영이란다. 평화와 기쁨과 사랑을 경험하지 못하는 것은 오로지 나 자신의 착각 때문이라고 그녀는 말한다. 그녀의 말이 조금은 허황되게 들리지만, 오늘 나는 베이지색 차를 찾고, 내일은 노랑나비를 찾아 나설 것이다.

a. 찾아낸 베이지색 차량의 수:

b. 찾아낸 노랑나비의 수:

메모 _____
_____
_____
_____
_____

"애야, 그것은 바로 네 손가락 밑에 있단다. 그것만 알면 된다.
모든 것은 바로 네 손가락 밑에 있어."

― 레이 찰스Ray Charles, 가수이자 피아니스트

아인슈타인 원칙:
당신도 에너지 장이다

이번 실험의 제목을 '아인슈타인 원칙'이라 이름 붙였지만, 양자물리학 책을 들이대며 지루하게 만들 생각은 없다. 나도 그런 책을 수십 권 읽어보았지만, 정말이지 하나도 재미없었다. 이번 실험에 관해 설명하기에 앞서 잊어야 할 몇 가지 소문이 있다.

우선 초보자들이 알아두어야 할 것이 있다. 당신이 생각하는 당신은 실제 당신이 아니다. 당신은 인생이 유한하다고 생각한다. 당신이 생각하는 인생은 대략 70년이나 80년 정도일 것이다. 그때가 되면 얼굴 가득 주름살이 생기고, 류머티즘에 걸리고, 그러다 쓰러진다. 꼴까닥! 그것으로 끝이다. 그러나 지난밤 당신의 꿈에 나타난 키 큰 금발머리 멋쟁이와 마찬가지로 이것은 사실이 아니다.

몸은 사기꾼이며 실제 모습의 작은 일부분일 뿐이다. 실제 당신의 99퍼센트는 볼 수도, 만질 수도 없다. 내가 팸 그라우트라고 생각하는 이 몸은 약 179센티미터의 키에, 마른 몸매에, 절대로 나아질 리 없는 영원한 안색 문제가 있지만 그것은 실제 내 모습의 단편일 뿐, 생후 2개월이었을 때 보기 난감한 핑크색 모자를 쓰고 찍은 사진만큼이나 실제 내 모습과 닮은 구석이 없다.

당신과 당신의 몸과 당신 주변의 세상이 물질에 지나지 않는다는 착각의 덫에 빠져 있다고 해도 기분 나빠하지 마라. 혁명의 문턱에 서는 것은 결코 쉬운 일이 아니다. 과학자들은 이제야 이런 새로운 개념들을 진지하게 생각하기 시작했지만, 이런 개념들은 세상이 어떻게 움직이는가에 대한 생각과 우리가 우리 자신을 정의하는 방법이라고 믿고 있는 모든 것에 도전장을 들이민다.

온전한 진리, 그리고 진리일 수밖에 없는 것

"우주의 법칙에 관해 우리가 알고 있는 것은
99.99퍼센트 이상 틀렸을 확률이 높다."
– 프레드 앨런 울프

아인슈타인이 찾아낸 것, 그리고 유명한 '$E = mc^2$'이라는 방정식은 질량과 에너지가 기본적으로 같은 것의 두 가지 형태라고 설명한다. 에너지는 해방된 물질이고, 물질은 활동을 기다리는 에너지다.

살아 있는 모든 것은 엄청난 양, 즉 상식을 벗어난 수준의 에너지를 안에 가두고 있다. 평균적인 인간의 경우, 몸속에 7×10^{18}줄joules 정도의 잠재 에너지를 갖고 있다. 지금은 이것이 큰 의미가 없을지 몰라도, 당신이 성공하기를 원한다면 얘기가 달라진다. 당신이 좀 더 지혜로워서 이 에너지를 해방시키는 법을 알아낸다면, 당신은 그 에너지를 사용해서 당신 자신을 대형 수소폭탄 30개의 힘으로 폭발시킬 수 있다.

다시 말해 물질계는 응축된 에너지 패턴으로 이루어져 있다. 과학자들은 원자보다 더 작은 입자를 입자 가속기에 넣어 그것들을 충돌시킨 결과, 근원적으로는 어떤 입자도 없다는 사실을 발견해냈다. 있는 것은 단지 순수한 에너지의 무한한 진동뿐이다. 그리고 그 진동은 너무 빨라 측정하고 관찰하기가 어렵다. 맨눈으로는 어떻게 보일지 몰라도, 당신은 결국 에너지라는 것이다.

사실 세상의 어떤 것도 실제로 단단한 것은 없다. 당신도, 이 책도, 당신이 앉아 있는 의자도, 당신이 딛고 있는 바닥조차도 단단하지 않다. 단단한 세계를 가장 작은 성분으로 분해해보면 춤추는 입자와 빈 공간만을 발견할 것이다. 에너지가 빛의 속도보다 조금 느리게 진동하기 때문에 단단하게 보일 뿐이다.

그것이 에너지의 정체다. 즉 진동하는 입자다. 당신과 이 책과 의자는 진동한다. 에너지는 정체가 매우 애매하다. 볼 수도, 긁을 수도 없고, 저녁 식사자리에 들고 나갈 수도 없다. 그러나 당신은 그것이 당신을 통과해 흐르는 방식에 영향을 줄 수 있다. 매일 그렇게 할 수 있다. 그리고 그것은 우주에 있는 모든 것을 구성하는 건축자재이기 때문에, 매우 강력한 힘을 갖고 있다.

당신에게 한 가지 실험을 권하겠다. 에너지 개척자 도나 이든$^{Donna Eden}$에게 직접 배운 것이다.

1. 박수를 칠 것처럼 두 손바닥을 마주 움직이되 5센티미터 간격을 두고 멈춰라.
2. 이제 손목을 비틀어 두 팔이 X 자 형태가 되게 하라. 손목은 X 자의 중심에 있어야 하고, 손바닥은 여전히 5센티미터 떨어져 있어야 한다.
3. 손목 사이의 공간에 집중하라. 손목에는 여러 개의 에너지 센터가 담겨 있기 때문에, 그 에너지들은 서로 연결되고, 따라서 당신은 분명히 그 사이의 공간에서 어떤 감각을 느낄 것이다.
4. 양 손목을 2센티미터 정도 가까이 붙였다가 몇 센티미터씩 앞뒤로 움직여 보라.

어떤가? 이제 무슨 말인지 알겠는가?

당신은 에너지다. 매 순간 당신은 당신의 의식으로 에너지를 형성하고 만든다. 생각할 때마다, 집중할 때마다, 행동할 때마다 당신은 에너지를 만든다. 당신의 기분과, 당신이 생각하고 믿고 중요하게 여기는 것과, 당신이 살아가는 방식이 당신을 통해 흐르는 에너지에 영향을 준다. 간단히 말해 그런 것들은 당신이 진동하는 방식에 영향을 준다.

그리고 그 진동하는 방식은 당신이 헤엄을 치는 에너지 장, 서로 맞물려 균형을 이루며 계속 움직이는 에너지 장에서 당신이 끌어온 것에 영향을 준다. 당신은 이 에너지 장에서 같은 주파수나 같은 파장에서 진동하는 것들을 찾아내 당신의 세계로 끌어들인다.

흥분되고 즐겁고 쾌적한 기분이 들면, 그런 감정은 고주파 진동을 발산하여 더 많은 것이 흥분되고 즐겁고 쾌적하도록 자화磁化시킨다. 같은 고주파를 가진 것들이 당신의 에너지 장으로 신나게 달려갈 것이다. 그러나 매번 판을 망치는 테러리스트가 내 안에 있다고 생각해서 겁을 먹고 움츠러들고 눈치를 보면, 저주파 진동이 나와 추한 것들을 삶으로 끌어들일 것이다.

우리는 늘 우리와 진동수가 맞는 것들을 끌어들인다. 우리는 진동의 기폭자이고, 자석이고, 원인이다.

소리굽쇠와 같은 원리다. 방에 소리 높이가 각기 다른 소리굽쇠를 여러 개 놓고 그중 하나를 치면 같은 주파수로 만들어진 것들만 울린다. 그리고 그렇게 울린 소리굽쇠는 멀리까지 영향을 미친다. 닮은 힘들은 서로를 끌어당긴다. 이것은 물리학 법칙의 고전이다.

당신과 그들은 없다

*"물리학으로 충격을 받지 않는 사람들은
그것을 이해하지 못한다."*
– 닐스 보어Niels Bohr, 물리학자

좀 더 깊이 들어가보자. 알다시피 물리적 세계에 있는 것은 무엇이든 그 세계의 다른 모든 것과 연관을 맺고 있다. 당신은 우주의 에너지 장

아래에 있는 어떤 것에 밀착되어 그것과 관계를 맺고 있다. 아인슈타인의 말대로 "이 장이 유일한 현실이다."

사물들은 저마다 다양한 파장으로 진동하기 때문에 떨어져 있는 것처럼 보인다. C음과 B플랫이 다른 파장에서 진동하는 것처럼. 각각의 진동은 전자기 장에서 좌초하면서 에너지에 갈 곳과 할 일을 가르친다.

고동치는 에너지 장은 존재와 의식의 중심을 이루는 발동기다. 에너지 장은 어디에 있는가? 없는 곳이 없다. 아프리카에 있는 얼룩말이든, 정원에 핀 비비추든, 녹아내리는 빙산이든 우주에 있는 모든 것은 에너지 장에 연결되어 있다. 당신의 지능과 창의력과 상상력은 이 거대하고 복잡한 에너지 장과 교류한다. 우리의 몸은 제각기 따로 떨어진 생각을 가진 따로 떨어진 물체처럼 보이지만, 사실은 모두 크게 박동하며 진동하는 하나의 의식의 장일 뿐이다.

증명의 순간

"우리가 모르는 것은 우리를 곤경에 빠뜨리지 않는다.
확실치 않은 것을 확실하다고 생각하는 것이
우리를 곤경에 빠뜨릴 뿐이다."
— 마크 트웨인Mark Twain, 소설가

에드윈 게인즈Edwene Gaines는 내가 좋아하는 유니테리언 목사다. 재미있고 지혜로운 그녀는 영적 원리가 어떻게 작동하는지 누구보다 잘 알고 있다. 그녀는 미국 전역을 돌아다니며 세미나를 연다. 그녀는 사람들에게 좀 더 풍족한 삶, 하나님 중심적인 삶을 사는 법을 가르친다.

에드윈이 영적 원리를 터득한 것은 우리들과 마찬가지로 시행착오를 통해서였다. 그녀는 자신이 겪은 '첫 번째 대단한 증거'에 관한 유쾌한 이야기를 사람들에게 이야기해주길 즐긴다. 유니테리언 신도들의 말에 따르면, 어떤 것이 증명되는 순간은 어느 정도 느닷없이 당신이 원하거나 필요로 하는 어떤 것을 끌어당길 때다.

에드윈이 처음으로 증거를 만났던 시기에 그녀는 영적 원리에 생소했다. 당시 그녀는 말 그대로 파산 상태였다. 그녀의 표현을 빌리면 "서로 비빌 동전조차 없었다." 그녀는 영적 스승으로부터 하나님이 그녀를 좋아할 뿐 아니라, 그녀가 에너지를 조종하는 법만 배운다면 하늘 문을 활짝 열고 축복을 내려주고 싶어 하신다는 터무니없는 말을 들었다. 우선 해야 할 일은 그녀가 무엇을 원하고, 언제 원하는지를 아는 것이라 했다.

어려운 일이 아니었다. 15분 만에 에드윈은 바라는 내용을 노란 수첩에 가득 써넣었다. 반짝이는 초록색 구두, 멋진 남자 친구, 값비싼 새 차 등. 그녀의 목록은 계속 이어졌다. 그녀는 또한 멕시코시티로 일주일 동안 휴가를 다녀오고 싶다는 소망을 갖기로 했다. 한 번도 가본 적이 없지만, 스페인어를 써먹기엔 그만한 곳이 없을 거라고 그녀는 생각했다. 에드윈은 오랫동안 태양의 피라미드와 달의 피라미드, 멕시코의 화가 디에고 리베라Diego Rivera의 그림들을 보고 싶어 했다.

물론 그런 여행을 할 돈이 전혀 없었기 때문에 장난삼아 적어본 것이었다. 그러나 그녀는 생각했다.

"그게 별건가!"

그녀는 심지어 여행사에 들러 안내책자를 보고 여행을 하기로 한 날짜보다 석 달 미리 가예약을 했다.

"그래 봐야 돈이 없어 여행사 직원 앞에서 쩔쩔매는 정도밖에 더 하겠나, 라고 생각했지."

에드윈은 내게 그렇게 설명했다. 그때 그녀의 스승은 이렇게 말했다.

"당신이 소원을 적고도 그것이 이뤄질 것이라 믿지 못하는 이유는 한 가지입니다. 당신에게 돈이 많다고 생각하지 않기 때문입니다. 다시 말해 부자로 진동하지 않아서입니다."

에드윈은 볼멘소리로 답했다.

"물론 그럴 수도 있겠죠. 하지만 제 통장을 보시면 그렇게 말하지 못하실 걸요? 저는 전기요금 내기도 힘든 형편이에요."

스승은 요지부동이었다.

"그래서 밖으로 나가 스스로 부자라고 느끼게 할 만한 일을 해야 하는 겁니다."

에드윈은 제일 어려운 문제가 식품점이라고 생각했다.

"콩, 옥수수빵, 밀가루 같은 기본적인 생필품들만 겨우 살 수 있었지. 다른 것들은 엄두를 못 냈어. 거품목욕 비누 같은 것은 꿈도 못 꿨고. 쓸 돈이 딱 정해져 있었으니까."

스승의 말을 들은 그녀는 다음에 식품점에 갔을 때 미식 코너를 기웃거렸다. 그때 아몬드로 속을 채운 올리브가 가득 찬 병이 눈에 들어왔다. 한눈에도 부자들을 위한 상품이라는 것을 알 수 있었다. 그녀는 그것을 사서 집으로 가져온 다음 친구 라나에게 전화를 걸었다.

"라나, 내가 그리로 갈게. 너희 집 풀장 옆에 앉아 네가 새로 산 크리스털 와인 잔에 네가 얼마 전에 산 와인을 따라 마시자. 내가 큰 맘 먹고 아몬드 올리브를 샀거든. 멕시코시티에 휴가 갔다 치고 기분 좀 내자."

"뭐라고?"

라나는 어이없어했지만, 결국 그러자고 했다. 두 사람은 라나의 집 풀장 옆에 앉아 와인을 마시고 아몬드 올리브를 먹으며 한껏 휴가 기분을 냈다.

"그래, 얘. 내일은 어떤 피라미드를 볼까? 아니면 해변으로 가볼까?" 라나는 대답했다.

"둘 다 하지 뭐. 그런 다음 시장을 돌아다니며 유랑 악사들의 연주를 듣는 거야."

라나까지 멕시코시티에 가고 싶어 하기로 작정하자, 상황이 훨씬 더 재미있어졌다. 다음 날 라나도 같은 여행사에 가서 멕시코시티 여행을 예약했다. 그리고 일주일도 채 지나지 않았을 때, 라나의 어머니가 전화를 걸어 라나에게 말했다.

"내가 지금부터 무얼 할지 맞춰보렴. 네게 멕시코시티 여행 티켓을 사 줄 거야."

한편 몇 주 뒤에 여행사 직원이 에드윈에게 전화를 걸어 그날 표값을 치르지 않으면 예약이 취소될 것이라고 알려왔다. 강아지에게 뼈다귀를 주려고 찬장을 열었는데 찬장이 텅 빈 것만 확인한 것 같은 기분이었지만, 그녀는 호기 있게 말했다.

"알았어요. 금방 갈게요."

그녀는 차에 올라타 지금이야말로 하나님과 진지하게 대화할 시간이라고 생각했다. 그녀는 말했다.

"하나님. 제가 할 일은 다 했습니다. 목록도 작성했고요. 확언도 했습니다. 부자처럼 행동했고요. 이제 나머지는 당신에게 달렸습니다. 여행사에서 전화가 왔고, 나는 지금 그리로 가는 길입니다. 거기에 갔을 때 돈이 있으면 좋겠죠?"

여행사로 가는 길에 그녀는 어머니 댁에 잠깐 들러야겠다는 생각이 들었다.

"이제 와서 하는 말이지만, 라나의 어머니가 라나에게 표를 사준 이야기를 엄마한테 말씀드리면 엄마가 내 표를 사줄지도 모른다고 생각했던 것 같아."

에드윈은 그렇게 말했다. 실제로 에드윈은 어머니에게 갖은 애교를 떨며 라나와 꾸민 휴가 계획을 말씀드렸다. 그러고는 어머니를 쳐다보며 말했다.

"엄마, 라나는 엄마가 표를 사주기로 했대요. 멋지지 않아요?"

에드윈의 어머니가 말했다.

"멋지구나. 그런데 넌 어떻게 할 거니?"

낙담한 그녀는 자리에서 일어나 그만 가겠다고 말한 후 방문을 열고 나왔다. 그때 엄마가 우체통에서 우편물을 가져다 달라고 부탁했다. 에드윈은 우체통으로 걸어가면서 애꿎은 돌을 발로 차며 작은 목소리로 악담을 퍼부었다. 편지 한 뭉치를 들고 들어오는데, 수신인란에 자신의 이름이 적혀 있는 한 통의 편지가 눈에 들어왔다.

"엄마 집에서 나온 지 15년도 더 됐어. 그리고 15년 동안 편지 한 통 받은 적 없었고."

나중에 그녀는 내게 말했다. 에드윈은 발신인이 누군지 궁금해하며 봉투를 찢었다. 맙소사, 15년 전에 함께 살았던 룸메이트였다. 결혼하면서 소식이 끊어진 친구였다. 그때만 해도 둘 다 어리고 가난해서 구호품이라도 마다할 형편이 아니었다. 함께 산 지 석 달쯤 되었을 때, 에드윈은 외국에서 가르치는 직업을 얻게 되어 그 룸메이트와 헤어졌다. 아파트와 쓰던 가구를 그대로 둔 채였다.

편지에는 이렇게 쓰여 있었다.

안녕, 에드윈.

휴스턴 전화번호부를 다 뒤져서 간신히 네 부모님 주소를 알아냈어. 나는 결혼한 뒤 멋진 새집으로 이사를 했어. 가구도 다 새로 장만했지. 15년 전에 너와 함께 샀던 가구는 모두 팔아 처분했어.

그런데 말이야, 굉장히 비싼 것도 있더구나. 우리 둘이 열심히 일해 번 돈으로 마련했던 가구잖니? 그러니 나 혼자 이 돈을 가질 수는 없어. 절반은 네 거야. 여기 수표 보낸다.

"정확히 표 사는 데 필요한 액수였어. 잔돈까지 딱 맞아떨어지더라. 게다가 용돈이라며 100달러가 더 들어 있지 뭐니."

에드윈은 뒷얘기까지 해주었다. 라나와 에드윈은 멕시코시티에서 멋진 시간을 보냈다. 그들은 쇼핑을 했고, 풀장에서 놀았고, 피라미드를 찾았고, 시장도 구경했다. 에드윈은 말했다.

"신기하게도 라나에겐 가는 곳마다 꽃이 생겼어. 시장을 걷고 있는데, 거리의 악사가 연주하다 말고 라나에게 치자꽃을 건넸어. 어느 날에는 버스를 타고 가는데, 한 남자가 버스에 올라와 라나에게 장미 한 송이를 건네고는 다시 뛰어내리는 거야. 또 어느 날 밤 저녁 식사 땐 우리 테이블로 하얀 상자가 배달되었어. 라나가 열어보니까 난초가 열두 송이 있었어. 갑자기 소외된 기분이 들더라고. 그래서 하나님께 말했지. '이봐요. 친구. 나도 사랑받고 있다는 신호가 필요해요.' 15분쯤 뒤에 웨이터가 오르되브르를 갖고 왔어. 그런데 하나님의 유머감각이 보통이 아닌 거 있지?"

에드윈은 웃었다.

"웨이터가 뭘 갖고 왔는지 알아? 글쎄, 아몬드로 속을 꽉 채운 올리브였어."

방법

"서구 과학계, 아니 우리 모두는 사실 어려운 형편에 처해 있다.
현재의 존재 방식을 유지하기 위해,
엄청난 양의 정보를 무시해야 하기 때문이다."
– 클리브 백스터Cleve Backster, 식물 실험가이자 전 CIA 요원

이 원칙은 영적 원칙의 토대이지만('영적'이란 말은 '물질적'이라는 말의 반대일 뿐이다), 그것이 처음 나타난 곳은 교회가 아니라 물리실험실이었다. 그렇다. 예상과 달리 인간이 물질이 아니라 움직이는 에너지 파장이라는 사실을 처음 발견한 사람은 과학자다.

 이 실험에서 당신은 생각과 느낌이 에너지 파장을 만들어낸다는 사실을 입증할 것이다. 먼저 할 일이 있다. 철사로 된 옷걸이 두 개를 옷장에서 꺼내라. 세탁소에서 옷을 가져다줄 때 딸려오는 그 철사 옷걸이 말이다. 목 부분의 꼬인 것을 풀어 곧게 펴라. 이것이 당신의 '아인슈타인 지팡이'다. 이제 옷걸이 두 개를 각각 L자 모양으로 구부려 손잡이는 12센티미터, 나머지는 30센티미터가 되게 하라. 그다음 맥도널드에서 구할 수 있는 플라스틱 빨대를 반으로 잘라 방금 구부린 손잡이에 끼워 지팡이가 쉽게 흔들리도록 만들어라. 그런 다음 손잡이 밑부분을 구부려 빨대를 고정하라.

 쌍지팡이를 가슴 높이로 몸에서 30센티미터 정도 떨어지게 들고, 정면을 향해 총을 쏘는 시늉을 하라. TV시리즈 〈건스모크Gunsmoke〉에서 양손에 소총을 든 맷 딜런Matt Dillon을 떠올리면 된다. 처음에 지팡이들은 제

자리에서 흔들거릴 것이다. 말했지만 당신은 계속 흐르는 에너지의 강물이다. 그러니 지팡이들이 잠깐 진정할 시간을 줘라. 지팡이가 흔들리지 않으면, 실험 준비는 끝난 것이다.

정면을 응시한 채, 과거에 경험한 불쾌한 사건들을 생생하게 되살려내라. 감정의 강도가 약하면 지팡이는 앞으로 향한 상태를 유지할 것이고, 감정이 격해지면 지팡이는 빙그르르 안쪽으로 돌아 서로 끝을 마주 보고 정렬할 것이다. 두 지팡이는 당신 몸 주변의 전자석 띠를 따라가고, 불쾌한 생각이나 감정에 의해 만들어진 부정적 주파수의 결과로 당신의 몸은 수축된다.

이제 사랑스럽거나 즐거운 장면을 떠올려 주파수를 긍정적으로 바꾸어보라. 당신의 에너지 장이 긍정적인 에너지 흐름으로 확장되면서 지팡이는 바깥쪽으로 움직일 것이다.

이제 눈을 정면에 둔 상태에서 오른쪽 먼 곳이나 왼쪽 먼 곳에 있는 물체에 초점을 맞추고, 두 지팡이가 당신의 생각을 따라가는 것을 지켜보라. 이 실험을 많이 할수록 특정 주파수에서 다른 주파수로 바뀔 때 일어나는 진동의 변화를 느끼는 데 능숙해질 것이다.

실험 보고서

원칙 아인슈타인 원칙

근거 당신은 커다란 에너지 장 속에 있는 또 하나의 에너지 장이다.

질문 내가 정말로 에너지로 구성되어 있을까?

전제 내가 에너지라면 나는 그 에너지를 조종할 수 있다.

필요한 시간 2시간

오늘 날짜 _____

시간 _____

방법 대단하다! 당신은 강력한 생각과 에너지만으로 두 개의 지팡이를 움직일 수 있다. 내가 확실하게 잘 할 수 있는 마술이 무엇인지 생각해보라. 어떤 대통령이 언젠가 말한 대로 "한 판 붙자."

메모 _____
_____
_____
_____
_____
_____
_____
_____

"이를 드러내 아기를 울릴 수 있는 것처럼
나는 내 삶에서 외적 영향력을 마음대로 구사할 수 있다."
– 어거스텐 버로스Augusten Burroughs, 소설가

아브라카다브라 원칙:
초점을 맞추면 무엇이든 확대된다

생각으로 물질적인 상품을 내 것으로 만들 수 있다는 말을 처음 들었을 때, 나는 지성을 갖추고 생각할 줄 아는 사람이라면 누구나 하는 반응을 보였다. 즉, 코웃음을 쳤다. 그러면서도 한번 해보기로 했다. 나 혼자 있을 때 몰래 할 수 있는 실험인데다, 결과가 어떻든 간에 사실 손해 볼 것은 없지 않은가?

내 스승인 앤드리아는 내게 원하는 것 세 가지를 적으라고 말했다. 그뿐이었다. 종류를 가릴 필요는 없었다. 호주머니 사정에 맞출 필요도 없었다. 그저 목록을 만들기만 하면 됐다. 아무려면 어떤가.

'나는 자전거와 컴퓨터와 피아노를 원한다.'

2주도 되지 않아 나는 멋진 붉은색 산악자전거와 IBM PC 주니어의 자랑스러운 주인이 되었다. 피아노는 조금 더 시간이 걸렸다. 내 친구 웬디가 메릴랜드로 이사를 가면서 내게 전화를 걸어와 피아노를 가져

가라고 말했다. 나는 벚나무로 만든 멋진 킴볼 피아노를 가질 수 있었다. 기대하지도 않았던 결과에 나는 정말 기뻤다. 어쩔 수 없이 피아노 레슨을 받게 된 내 딸만 투덜댔을 뿐이다.

그렇다. 이번 실험은 당신이 내내 기다려왔던 부분이다. 물질적인 것을 드러내는 방법에 관한 것이다. 이것은 영화배우 메간 폭스Megan Fox에게 넋을 잃은 열다섯 살짜리 남자애들처럼 앞으로 신봉자가 될 사람들을 끌어당기는 영적 원리다.

《나의 꿈 나의 인생Think and Grow Rich》,《신념의 마력The Magic of Believing》,《긍정적인 사고의 힘The Power of Positive Thinking》 같은 책들을 읽어보았는지 모르겠다. 어떻게 보면 별스러운 책이고 어떻게 보면 진부한 책이지만, 이런 책들이 여전히 출판되는 데는 그만한 이유가 있다. 이런 책들은 우주의 진리를 말한다.

'무엇을 원하는지 알면 그것을 가질 수 있다.'

내 친구들 대부분이 그렇지만 특히 크리스는 이 원칙이 어떤 사람에게는 효과가 있고, 어떤 사람에게는 소용없는 어떤 신비한 마력을 사용한다고 생각한다. 그러나 제대로 된 지도만 있으면, 미시시피의 빌록시에서 루이지애나의 뉴올리언스로 걸어가는 것만큼이나 이는 간단한 문제다. 지금 당신이 갖고 있는 것을 '빌록시'라고 하자. 빌록시는 낡은 1994년식 에스코트고, 더 이상 견디기 어려운 직업이고, 주말마다 혼자서 DVD나 보는 생활이다. 당신이 정말로 살고 싶어 하는 뉴올리언스는 반짝거리는 신형 재규어고, 당신의 장점을 인정해주고 그것을 최

대한 발휘할 수 있는 고액 연봉의 직업이며, 주말이면 섹시한 이성과 영화를 보는 생활이다.

어떻게 해야 뉴올리언스에 갈 수 있을까? 우선 그곳에 초점을 맞추어야 한다. 빌록시와 낡은 1994년식 에스코트 따위는 아예 잊어야 한다. 그리고 어찌 됐든 뉴올리언스로 향하든가 빌록시로 되돌아가든가 둘 중 하나로 결론지어지리라는 사실을 명심해야 한다. 모든 생각은 이쪽이든 저쪽이든 어느 한쪽을 향한다. 빌록시로 돌아가게 만드는 생각은 이런 것이다.

'고액 연봉의 좋은 직업이나 멋진 데이트 상대는 어림도 없는 소리야. 물론 그런 것이 존재하는 것은 사실이지만, 나 같은 사람과는 전혀 상관 없어.'

뉴올리언스로 향하게 해주는 생각은 이런 것이다.

'내가 얻게 될 새 일자리는 대단할 거야. 이 소파 옆자리에 앉아 있게 될 남자는 더할 나위 없이 친절하고 매력적일 거야.'

에너지와 관심을 많이 투입할수록, 그곳에 더 빨리 도착할 것이다.

어떤 사람은 마음이 끌려 몇 발짝 내디뎠다가도, 금방 겁에 질려 빌록시로 되돌아가버린다. 또 어떤 사람은 빌록시의 경계를 넘어 걸어가다 잠깐 쉴 겸 여기저기 둘러보던 중 여긴 뉴올리언스가 아닌 것 같다며 짜증을 낸다.

물론 아직 뉴올리언스가 보이지 않을 수도 있다. 아직 그곳에 가지 못했으니까 말이다. 당신이 보고 있는 곳은 여전히 빌록시 외곽의 시골

아브라카다브라 원칙 **123**

이다. 이는 뉴올리언스에 가기 위해 지나쳐야 하는 곳이다. 그러나 당신은 빌록시를 떠났다. 조금만 기운을 내서 앞에 초점을 맞추라고 자신에게 말하라. 무엇을 하든 걸음을 멈추지 마라. 샴페인을 터뜨릴 달콤한 결승선에 도착할 수 있는 유일한 방법은 그쪽으로 감각을 집중시키는 것이다. 뒤돌아보지 마라. 빌록시는 지나간 일이다. 오로지 뉴올리언스에만 초점을 맞춰라.

이런 새로운 영웅적 노력에 당신은 당당한 자부심을 가져야 한다. 뉴올리언스라는 아름다운 도시에 계속 초점을 맞추는 것이 얼마나 쉬운지 알면, 곧 놀라게 될 것이다. 웃고 뛰면서 당신의 눈앞에 펼쳐지는 경치를 즐겨라. 그러나 가다 보면 어쩔 수 없이 주의가 산만해질 것이다. 조바심이 나고 새로운 일상이 지루해져 빌록시로 돌아가고 싶은 생각이 들기도 할 것이다. 그저 잠깐 들러 차 한 잔만 하고 다시 오면 된다고 말이다. 그러면 뉴올리언스에서 쓸 수 있는 시간은 점점 줄어들고, 모든 노력이 수포로 돌아갈 수밖에 없는 이유를 더 많이 생각하게 된다. 아마도 지금 살고 있는 곳이 먼 과거가 되기 전에 얼른 돌아가 마음 편히 지내고 싶어질지도 모른다.

그러나 그렇게 하지 마라. 그저 계속 걸어라. 뉴올리언스에 초점을 맞추고 말이다.

빌록시나 뉴올리언스는 어디까지나 은유일 뿐이라는 점을 분명히 해둬야겠다. 빌록시를 비하할 의도는 전혀 없다. 빌록시는 프랭크 게리Frank Gehry가 설계한 오-오키프 미술관Ohr-O'Keefe Museum of Art이 자리 잡은 정말

아름다운 마을이다. 당부하지만 빌록시에 어떤 물리적인 연관을 짓지 않았으면 좋겠다. 중요한 것은 한없이 태만한 마음을 다그치는 것이다.

남의 얘기처럼 들리겠지만 그렇지 않다. 나는 그런 일이 반복되는 것을 여러 번 보았다. 뉴올리언스에 도달하는 데 무슨 특별한 재능이 필요한 것도 아니다. 그저 계속 걷겠다는 의지만 있으면 된다. 그리고 관심과 에너지와 인식을 집중시키면 된다.

작은 구멍에서 스카프를 잡아 뽑는 마술사를 떠올려보라. 한쪽 끝을 잡을 수만 있다면, 스카프를 쭉 뽑아낼 수 있다. 필요한 것은 아주 작은 한쪽 끝, 그뿐이다. 그것을 잡겠다고 결심하고, 쭉 뽑아낼 수 있을 때까지 집중하라.

무엇을 드러낼 것인가. 그동안 본 것도 많고, 들은 것도 많고, 경험한 것도 많다. 이 세상은 당신이 직접 우편으로 주문한 상품 목록이다. 그것을 보았거나 상상할 수 있으면, 그저 스카프의 한쪽 끝을 잡고 계속 걸어라.

좀 더 구체적인 예를 들어보겠다. 내 친구 댄의 뉴올리언스는 마틴 기타였다. 마틴 기타는 제일 싼 것도 1,100달러나 된다. 댄은 그런 돈이 없었지만 그래도 마틴 기타를 손에 넣겠다는 의도를 분명히 했다. 안 될 거라는 생각은 전혀 하지 않았다. 그저 마틴 기타에만 초점을 맞춘 채 언젠가 어떤 식으로든 반드시 마틴 기타를 손에 넣을 수 있을 거라고 믿었다.

거의 1년쯤 뒤에 그는 어머니의 전화를 받았다.

"아버지가 벼룩시장에서 낡은 기타 하나를 5달러 주고 사 오셨단다. 데이지에게 좋은 장난감이 될 것 같아."

댄의 딸 데이지에게 주려고 샀다는 그 낡은 장난감은 1943년에 제작된 마틴 000-28번으로, 100개밖에 만들지 않은 희귀한 작품이었다. 가수이자 기타리스트인 에릭 클랩튼Eric Clapton이 연주하는, 바로 그 기타였다. 악기점에서 무려 2만 달러를 호가하는 명품이었다. 앞으로 데이지가 그 기타를 손에 넣으려면, 그가 유품으로 물려줄 때까지 기다려야 할 것이다.

이것은 자유의 여신상 법칙이라고 부르는 것이 더 어울릴지도 모르겠다. 이 원칙은 자메이카 행 휴가나 말리부의 저택 같은, 사람들이 원한다고 생각하는 모든 것을 나타내는 횃불이지만, 실제로는 매슬로Maslow의 5단계 욕구 이론을 따른다. 아직은 첫 번째, 아니면 두 번째 단계일 것이다. 물론 이 원칙을 계속 따라야 한다. 그러면 물질적 걱정을 내려놓고 당신이 누구인지 제대로 알 수 있을 것이다. 그러나 이런 물질 가운데 그 어느 것도 당신이 진정 원하는 것은 아니다. 전혀, 절대로 아니다.

예수가 어부로 살기로 작정했다면, 죽은 나사로를 되살리고 떡 다섯 개와 물고기 두 마리로 5,000명을 먹이지는 못했을 것이다. 당신에게 말리부의 저택을 꿈꾸게 만들어 죄책감을 갖게 만들고 싶지는 않다. 사실 말리부의 저택은 전혀 문제될 게 없다. 무엇을 원하든 마찬가지다. 죄책감을 갖지 마라. 그저 원하라. 온 마음과 힘을 바쳐 그것을 향해 걸어라. 더 높은 계단이 있다는 사실을 알면 그만이다. 사람들은 두려움에서 벗어나기 위해 물질적인 것들을 쌓아둔다. 결국 두려움은 우리가 벗어나려고 애쓰는 것이다.

생각을 한 줄로 세워라

"위대한 영혼은 어디에나 있다.
큰 소리로 말을 걸지 않아도 된다.
그는 우리의 마음과 가슴에 있는 것은 무엇이든 듣는다."
– 블랙 엘크Black Elk, 라코타족 주술사

사람들은 "살려주세요!"라는 비명과 함께 신을 부르기만 하면 상황이 달라질 것이라고 생각한다. 그러나 우리는 이제 신이 우주를 운영하는 힘의 장이라는 사실을 알기 때문에, 모든 생각이 변화를 유발한다는 것 또한 안다. 어떤 생각을 할 때마다(가령, 속으로 '그녀가 저 스커트를 입으니 〈헤어스프레이Hairspray〉에 나오는 존 트라볼타John Travolta처럼 보이네'라든가 '승진하지 못하면 할복할 거야' 등), 우리는 무한한 가능성의 장에 영향을 준다. 다시 반복하지만 '모든 생각 하나하나가 가능성의 장에 영향을 준다.'

물을 와인으로 바꾸지 못하고, 손으로 한 번 건드려서 암을 치료하지 못하는 단 한 가지 이유는 우리의 생각이 산만하게 흩어져 있기 때문이다. 우리의 생각은 꾸준하고 목표가 분명한 소리굽쇠를 닮지 못하고 이제 막 고등학교 밴드부에 들어온 트럼펫 주자를 닮았다.

우리는 한편으로 어떤 일이 이루어지게 해달라고 기도하지만, 다른 한편으로는 기도가 이루어지지 않을까 봐 걱정한다. 긍정적인 결과를 생각하는 동시에, 낙관주의는 한낱 잠꼬대일 뿐이라고 생각한다. 그 사람과 인연을 맺기 원하지만, 그가 떠나면 어떻게 해야 하나 걱정한다. 돈을 벌고 싶은데, 부자가 천국에 가기는 낙타가 바늘구멍 들어가기보다 어렵다는 성경 구절이 떠오른다.

포스는 문자 그대로 벽에 부딪혀 튀어나온다.

"이쪽으로 가. 아니, 기다려. 저쪽이야."

유리병 안의 반딧불이처럼 이리저리 부딪힌다. 정말로 원하는 것을 정확히 모르기 때문에 힘은 소진되고 만다. 가능성의 장이 기도에 응답하지 않아서가 아니다. 너무 많은 것을 두고 기도하기 때문이다.

보통 사람이 하루에 6만 가지 생각을 한다고 할 때, 생활 속에서 얼마나 많은 것을 기도하는지 한번 눈여겨보라. 빨간 신호등으로 바뀌는 순간 "아이고 하나님, 과속딱지 떼지 않게 해주세요"라고 중얼거리는 것 등 당신은 생각보다 훨씬 더 많은 것을 기도하고 있다.

오늘도 당신은 마음의 평화를 갈구하지만, 당신의 아이디어를 훔친 괘씸한 동료에 대한 생각을 곱씹는 데 1,200가지 생각을 써버린다. 그렇다. 생각으로 '부자가 되겠다'고 작정해놓고도 연체한 차 할부금을 걱정하느라 500가지 생각을 바친다. 기도는 있는 것을 달라는 것이다. 그 점만 이해한다면, 하나님께 하는 일회성 간청이 늘 성공하지 않는 이유를 쉽게 이해할 수 있다.

예수가 물 위를 걸을 수 있었던 단 한 가지 이유는 그의 생각(기도)이 100퍼센트 걸을 수 있다고 믿었기 때문이다. 예수는 '배 밖으로 발을 내딛는 것은 바보뿐이다'라고 말하는 세상의 사고 체계를 극복했다. 예수의 의식 속에는 한 가닥 의심도, 그것을 완전히 믿진 못하겠다는 단 한 줄기 생각(기도)도 없었다.

마음은 대단한 힘을 갖고 있다. 아무리 그 특권을 우습게 여겨도, 아무리 무력하다고 여겨도 마음은 강력하다. 어떤 생각이든 생각은 정해진 차원에서 형태를 만든다. 생각은 동요한다고 약해지거나 무기력해지지 않는다. 분명히 말하지만, 인간인 이상 생각이 흔들릴 수도 있다. 원하는 것을 얻기에 약하거나 무기력해질 수는 있지만, 생각은 결코 약하거나 무기력하지 않다.

생각의 창조력

"생각을 택하고, 감정의 흐름을 풀어주고,
어떤 것을 강화시킬지 선택함으로써,
다른 사람에게 미칠 영향과 경험의 성격을 결정할 수 있다."
– 게리 주커브 Gary Zukav, 《영혼의 자리 Seat of the Soul》 저자

테니스공을 공중에 던지면 누구나 다시 떨어질 것이라고 생각한다. 물론 공은 옆집 화분에 떨어질 수도 있고, 슈퍼마켓 지붕에 떨어질 수도 있다. 이 경우 되찾으려면 사다리가 있어야 하겠지만, 어쨌든 공이 다

시 떨어진다는 사실만은 틀림없다.

의도는 테니스공과 같다. 보낸 그대로 돌아온다. 뉴턴의 유명한 운동 법칙 중 제3법칙을 기억하는가? 모든 작용에는 크기가 같고 방향이 반대인 반작용이 있다. 베푼 것, 기도한 것은 같은 크기로 돌아온다. 두려운 생각을 보내면, 두려워할 만한 일들이 돌아온다. 거짓말을 하면, 거짓말을 듣게 된다. 남을 비판하면, 당신도 역시 비판받는다. 그러나 사랑을 주면, 크고 자비로운 사랑을 돌려받는다. 축복을 하면, 당신 역시 축복을 받는다.

정말로 무엇을 기도해야 할지 알고 싶다면, 당신의 삶을 돌아보라. 가장 깊은 내면에 존재하는 생각, 마음에 있는 진정한 욕구, 당신 이외에는 아무도 알 수 없는 기도를 보게 될 것이다.

가까운 친구 중에 거미를 무척 무서워하는 친구가 있었다. 그녀는 어느 날 아침 화장대 서랍에 손을 넣다가 립스틱 대신 커다란 거미를 잡게 되지 않을까 늘 걱정했다. 이런 터무니없는 생각을 몇 달 동안 매일 아침 했다. 어떻게 되었을까? 당신이 생각하는 대로다. 그 친구는 결국 화장대 서랍에 손을 넣었다가 커다랗고 통통하고 털이 많은 늑대거미를 움켜잡았다.

생각에는 창조력이 있다. 의식하든, 의식하지 못하든 마음에 담은 생각은 살면서 보는 것을 만들어낸다. 모든 생각은 나름대로의 진동을 갖는다. 생각은 정도와 강도와 깊이에 따라 부메랑처럼 되돌아온다. 생각은 끈기와 강도와 힘에 비례해 생활 속에 나타난다.

마음이 작동하는 법

"나의 내면은 만원이다."
– 프라딥 베누고팔Pradeep Venugopal, 인도의 블로거

우리의 마음속은 여러 자아의 다툼이 끊이지 않아 늘 분주하다. 이런 흩어진 의도는 가동할 수 있는 온갖 종류의 역동성을 규정한다. 새집을 구해야겠다는 의도를 갖고 있다고 해보자. 당신은 그 의도를 가동하는 것과 동시에 무의식적으로 그와 똑같이 강력한 두려움을 보낸다. 더 늘어난 할부융자금에 대한 두려움 같은 것 말이다. 이자율이 마음에 걸리고 현재 살고 있는 집의, 기한이 다 된 흰개미 방제 계약서도 걱정이다. 이 두 가지는 좀 더 무의식적인 의도를 보낸다. 두려움에 대한 무의식적인 의도가 새집을 구하려는 의식적인 의도보다 강하다면, 글쎄 어느 쪽이 이길까?

방향이 반대인 의도의 역동성은 혼란과 의심을 낳는다. 새로운 인식과 욕구를 향해 마음을 여는 동시에 두려움과 근심을 생각한다면, 결국 싸움을 불러들이는 셈이다. 싸움이 계속되면 의도한 것이 과연 효과가 있을지 의심하게 된다. 아니면 당신에게는 효과가 없을 것이라고 지레 겁을 먹고 만다. 결국 풀이 죽어 인생과 환경이 당신보다 더 강력하다고 믿게 된다. 그러나 그렇지 않다. 절대 그렇지 않다. 대립하고 갈등하는 양쪽 의도가 가능성의 장에서 소란을 피우는 것일 뿐이다.

생각은 대단히 강한 힘을 갖고 있다. 그러나 가능성의 장은 간청에만 응답하지 않는다. 다시 한 번 반복하지만, 가능성의 장은 의식적이든

무의식적이든 그것을 놓고 싸우는 양쪽의 모든 생각에 응답한다. 여기 가장 흔한 싸움 네 가지가 있다.

1. 쳇바퀴

우리 인간은 습관적인 유형에 빠지는 고질적인 경향을 갖고 있다. 사람들은 보통 하루에 6만 가지 생각을 한다고 앞에서 말했다. 그중 1,000가지를 제외한 나머지 전부는 어제 했던 것과 완벽하게 같은 생각이다. 과학자들은 6만 가지 생각 중 98퍼센트는 전날 생각의 반복이라고 말한다.

우리 옆집은 마당에 보이지 않는 울타리를 설치해놓았다. 보이지는 않지만 그 집의 귀여운 폭스테리어가 울타리 밖으로 발을 내밀면 충격을 받아 고통스러운 비명을 지른다. 우리 모두는 그 작은 강아지처럼 보이지 않는 울타리에 갇혀 있다.

우리는 새로운 아이디어를 짜내고 인생의 커다란 미스터리를 밝히는 데 생각을 쓰지 않고, 대수롭지 않고 아무 의미 없는 일에 생각을 낭비한다. 여성 잡지들의 표지를 보라.

허리 살을 빼세요.

휴가 기간의 멋진 몸매를 위한 최종 전략

퀴즈: 남편이 정말로 당신을 사랑하나요?

좀 더 좋은 것을 생각할 수는 없는가?

월간 여성지 〈레이디스 홈 저널Ladies' Home Journal〉의 700만 독자가 이런 것 말고 아주 그럴듯한 것, 가령 '내 영혼을 위해 무엇을 할 수 있을까?' 또는 '어떻게 해야 세상에 사랑이 넘치게 될까?' 같은 생각을 한다면, 우리가 두려워하는 큰 문제들은 1년 안에 해결될 것이다. 700만 독자가 이런 문제에 집중한다면 누구도 막을 수 없는 힘이 될 것이다!

2. 광고 카피

미국의 광고주들은 그들의 제품을 사지 않으면 인생의 실패자가 될 수밖에 없다는 사실을 소비자들에게 각인시키는 데 연간 4,000억 달러 이상을 쓴다. 이런 터무니없는 광고가 노리는 것은 단 한 가지다. 지금 가지고 있는 것과 지금의 모습에 만족을 느끼지 못하게 만드는 것이다.

보통 미국인들은 하루에 1,500개에서 3,000개 정도의 광고를 본다. TV를 보지 않아도 끊임없이 '소비하라'는 성화에 시달린다. ATM 모니터에서부터 드라이클리닝 포장지나 슈퍼마켓의 과일에 붙은 스티커에 이르기까지 모든 것에 광고가 따라붙는다.

내가 알기로 가장 위험한 광고는 새로운 약 광고다. 이런 것들은 사람들에게 아프라고 주문을 건다. 매디슨애비뉴(뉴욕 맨해튼의 유명한 광고회사 집결지 - 옮긴이)는 탈취제나 구강청결제, 그리고 하나 값에 두 개를 주는 도미노 피자가 필요하도록 우리를 훈련시키는 놀라운 일을 해냈다. 이제 이 거리는 사람들을 아프게 훈련시키는 새로운 지평을 열었다.

베스트셀러《배거밴스의 전설The Legend of Bagger Vance》의 저자 스티븐 프레스필드Steven Pressfield는 그가 다녔던 광고회사 사장으로부터 "병을 만들어 내라"는 지시를 받았다고 실토했다. "그러면 치료제를 팔 수 있다"며 말이다.

3. 다른 사람들의 머리

대기를 날아다니는 전파처럼, 다른 사람의 생각은 쉬지 않고 우리를 폭격해댄다. 당신은 무의식적으로 당신의 가족, 당신의 문화, 당신의 종교가 가진 생각을 집어 든다. 꼭 그대로 실천하지 않더라도 말이다.

에디슨은 우리가 일상생활에서 사용하는 것을 포함해 수천 가지 제품을 만들어냈다. 우리는 그를 천재라고 부른다. 그러나 에디슨에게 요즘의 '낙제생 없는 교육No Child Left Behind(읽고 쓰기와 기본적 산술 능력 향상을 위해 마련된 미국의 평가시험 – 옮긴이)' 테스트를 치르게 한다면, 그는 아마도 초등학교 1학년부터 다시 다녀야 할 것이다. 에디슨은 글 읽는 법을 배운 적이 없다. 그는 일부러 그랬다고 말했다.

"내가 글을 배웠더라면 다른 사람의 생각이나 베끼고 내 머릿속을 그들의 생각으로 채웠을 것이다. 고생해가며 남의 간섭을 받는 짓은 하지 않기로 했다."

문맹을 옹호할 의도는 없지만, 생각으로 가득 찬 비정상적인 세상의 간섭을 덜 받고 가능성의 장에 좀 더 가까이 가려면 한 번쯤 귀 기울여볼 만한 이야기다. 영적 스승들이 명상을 하는 이유는 세상의 간섭을 피하는 데 도움이 되기 때문이다.

4. 당신 자신의 머리

당신의 생각을 가만히 들여다보라. 그 생각을 방해하는 더 큰 생각이 저 밑에 있을 것이다. 불행하게도 우리 모두는 이런 사운드트랙을 바탕에 깔아놓는다.

나는 뭔가 잘못됐어.
나는 아직 멀었어.
나는 재능이 없어.
나는 그만한 자격이 없어.
나는 그것을 못 해.
그건 너무 어려워.

이런 부정적인 말들은 소위 잘못된 기도이고, 당신이 무조건 복종하며 따라갔던 애초의 믿음이다. 좋은 소식. 이는 모두 사실이 아니다. 나쁜 소식. 하지만 사실인 것처럼 작동한다. 사람들은 이런 생각들을 부적처럼 갖고 다니지만, 그것을 몸에 지니고 있다는 사실조차 잊고 있다. 더구나 그런 부적은 너무 친숙해서 그것 없이는 인생을 꾸려갈 꿈도 꾸지 못한다.

처음 잡지에 글을 기고하기 시작했을 때, 나는 셰이스타디움[Shea]

Stadium(뉴욕 메츠의 홈구장 - 옮긴이)에 어울리지 않는다는 열등감을 떨치지 못했다. 중서부의 작은 마을 출신인 내가 뉴욕의 쟁쟁한 편집자들의 마음을 사로잡을 만한 능력을 갖고 있다고 생각하기는 어려웠다. 내 생각을 드러내는 기획을 계속 보내 상대방의 의중을 타진하기는 했지만, 썩 좋은 반응을 얻으리라고 기대하지는 않았다. 그래서인지 결국 나한테까지 돌아올 일감이 없다는 사실만 확인하고 말았다. '기껏해야 이름 없는 잡지사에서 주는 일감 정도나 어쩌다 하나씩 걸리겠지'라고 생각하며 말이다.

두말할 필요 없이 나는 거절 통지서를 여러 장 받았다. 그것만 가지고도 신시내티를 도배하고도 남을 것이다. 편집자들은 딴 데 가서 알아보라는 말은 하지 않았지만, 열심히 써보라는 상투적인 격려도 하지 않았다.

그러다가 어느 날 우연히 로렌스 블록 Lawrence Block이 지은 《당신의 삶을 위해 써라 Write for Your Life》라는 책을 읽게 되었다.

1980년대 초 〈라이터스 다이제스트 Writer's Digest〉에 실리던 블록의 칼럼이 인기 절정이었을 때, 그는 아내 린과 함께 작가 지망생들을 위한 일련의 세미나를 개최하기로 했다. 보통 작가 세미나는 플롯 구성법이나 에이전트를 확보하는 전략 같은 것을 다루지만, 블록의 세미나는 작가가 되는 데 정말로 필요한 것만을 다루었다. 아집에서 빠져나오는 것과 부정적인 생각을 제거하는 것이 바로 그것이다. 그들은 자신을 가망 없는 지루한 인간이라고 생각하지 않았다. 세미나에서 참가자들은 명상한 뒤 파트너를 붙잡고 가장 두려워하는 것을 털어놓았다. 그리고 그토록 쓰고 싶은데도 쓰지 못하는 근본적인 이유를 찾았다.

세미나는 크게 성공했지만, 그 역시 작가였던 블록은 전국을 다니며 체질에도 맞지 않는 이벤트를 벌이는 여정에 지쳤다. 블록은 세미나를 걷어치우고, 자비로 《당신의 삶을 위해 써라》를 출간했다. 내가 그 책을 접한 것은 출간한 지 얼마 되지 않아서였다.

나는 그 책을 진지하게 읽었고, 책에 나오는 연습을 모두 했다. 나는 긍정문을 썼고, 내가 정말로 두려워하는 것을 찾기 위해 내 안의 아이와 상담했다. 심지어 나 자신에게 30일 동안 계속 엽서를 보내기도 했다. 엽서에는 이런 문구를 써서 나 자신에게 자신감을 불어넣었다.

팸, 너는 대단한 작가야.
팸, 너는 뉴욕 편집자들의 관심을 끌 만한 얘깃거리를 가지고 있어.
팸, 너는 재미있고 사람들은 네 말에 귀 기울이고 싶어 해.

아마도 우리 집에 편지를 배달해주는 사람은 나를 머리가 살짝 어떻게 된 사람이라고 여겼을 것이다. 하긴 남들이 보기에 나는 자신이 얼마나 매력적이고 가진 것이 많은지 스스로에게 알려주겠다며 매일 25센트짜리 우표를 낭비하는 사람일 수도 있었다. 그러나 그렇게 해서 내 삶이 얼마나 달라졌는지 그 집배원이 알았다면, 그도 망설임 없이 그렇게 했을 것이다.

갑자기 유명 잡지사들에서 일감이 들어오기 시작했다. 뉴욕의 대형 잡지사 편집장들이 연달아 전화를 걸어왔다. 〈모던 브라이드〉는 커플이 함께할 수 있는 운동에 관한 글을 부탁해왔다. 〈레이디스 홈 저널〉은 템파베이 여행기를 부탁해왔다. 자리를 잡지 못해 앞날이 불안했던 캔자스 출신의 작가가, 갑자기 치과에 가면 흔히 꽂혀 있는 전국적인 대형 잡지사로부터 원고 청탁을 받은 것이다.

내가 갑자기 더 유려한 필치로 좀 더 매력적인 글을 쓰기 시작한 것일까? 그런 면도 조금은 있겠지만(그것도 내 긍정문 중 하나다), 대부분의 이유는 생각하는 것과 나 자신에 대해 말하는 내용을 바꾸었기 때문이었다.

나는 '여러 곳을 돌며 발품을 팔아야 할 만큼 내게 일감이 많지 않다'는 생각을 하지 않기로 했다. 그리고 '내게는 전국적인 유명 잡지에 기고할 만한 재능이 없다'는 생각도 버렸다.

입을 모아 꽥꽥거리기

"중요한 것을 중요한 것으로 간수하는 것,
그것이 중요한 것이다."
– 하와이에서 본 티셔츠 문구

영화감독 마이클 무어Michael Moore는 어느 졸업식장에서 연설을 통해 이런 충고를 했다.

"여자를 포기한 순간 그녀들이 가까이 온다는 사실을, 남자들은 알아야 합니다."

어떤 면에서 의도도 그런 식으로 작동된다. 지금 갖고 있지 않은 것이나 기적이 간절히 필요하다고 믿는 것은 진리를 내치는 행위다. 당연히 잘못된 태도다.

대답을 찾는 사람들은 그 대답이 지금 여기에 없다고 생각한다. 사랑하겠다거나, 행복하겠다거나, 아니면 다른 탐나는 목적을 세우는 것은 본래의 목적에 어긋나는 행동이다. 그런 것들은 인생의 결과가 아직 의심스럽다는 것을 전제로 한다. 그러나 그렇지 않다.

기도는 신께 바치는 뇌물이 아니다. 기도는 물리적 평면의 높은 법칙을 이해해 낮은 법칙을 무력화하는 것이다. 그것이 여기에 없는 것처럼 간청하고 조르고 행동하는 것은 통일성이 아닌 이원성을 전제한다. 우리가 목표로 하는 것은 통일성이다. 의도가 이미 이루어졌다는 가정 아래 살아야 한다. 그것이 이미 왔다 간 것처럼, 열두 마리 오리를 줄 세워놓은 것처럼, 모든 파장을 레이저 같은 통일성으로 묶은 것처럼 느껴야 한다.

레이저는 2001년 9월 12일의 미 의회처럼 작동한다. 서로 자기가 옳다며 맞서기만 하던 상하원의원들이 공화당이나 민주당이라는 사실도 잊고, 진보나 보수라는 사실도 잊었던 것을 기억하는가? 그들은 마음속으로 '맹세컨대 나는 미국인이다'라고 다짐하면서 하나의 목소리로 목청 높여 〈신이여 미국에 축복을 God Bless America〉을 불렀다. 레이저도 그런 식으로 작동한다.

빛은 다양한 유형과 크기의 파장을 갖지만, 레이저는 오직 한 가지 파장을 갖기 때문에 면도날 같은 정밀도를 보장한다.

의도도 그렇게 해야 한다. 제대로 된 결과를 보고 싶다면, 그렇게 해야 한다. 예수는 한순간도 나누어줄 음식이 충분하다는 사실을 의심하지 않았다.

사실, 예수가 십자가에 못 박힌 데는 권력을 가진 자들이 그의 자신감이 도를 넘었다고 생각한 탓도 있다. 어떻게 감히 앉은뱅이를 걷게 하고, 문둥병자를 춤추게 만들 생각을 할 수 있단 말인가? 그러나 예수는 이런 일을 할 수 있다고 '생각'만 한 것이 아니다. 그는 그렇게 할 수 있다는 것을 '알고' 있었다.

그는 자신이 누구인지 확실히 알았고, 그 때문에 그의 마음은 진정한 레이저가 되었다. 그는 멈칫거리며 장님이 볼 수 있는지(건강과 완벽한 자기표현 능력은 누구나 가질 수 있는 신성한 권리다), 또는 물이 포도주가 될 수 있는지 묻지 않았다. 예수는 하늘과 땅을 지배할 권리가 자신에게 있다는 것을 알았다. 사실 그것이 예수와 우리의 유일한 큰 차이다. 우리는 아직도 의심하고 있다.

예수가 사용했던 아람어로 '요청하다'라는 말의 어원은 '저, 실례합니다만'이라는 뜻 이상의 의미를 갖는다. 아람어로 '요청하다'는 '주장하다(그 땅의 권리증이 내 것이다)'와 '요구하다'라는 말이 결합된 단어다. 기도를 통해 달라고 하는 것은 원래 당신 것을 손에 넣는 것이다. 당신은 그럴 권리가 있고, 당신의 삶을 지배할 책임이 있다.

'어떻게 그렇게 확신할 수 있는가?'라고 당신은 물을 것이다. 2 더하기 2가 4라는 것을 확신하는 것과 같다. 그것이 단순하고 바꿀 수 없는 수학법칙이기 때문에 확신한다. 2 더하기 2를 5라고 한다면, 그것은 수학의 잘못이 아니다. 마찬가지로 당신이 원하는 답을 얻지 못한다 해도 그것이 가능성의 장의 잘못은 아니다. 그 원칙을 무너뜨린 것은 바로 당신이다.

우연은 없다

"항구에 정박한 배는 안전하다.
그러나 그러라고 배를 만든 것은 아니다."
— 베나지르 부토 Benazir Bhutto, 파키스탄 전 총리

어거스텐 버로스는 34세 때 술을 끊고 〈뉴욕타임스 New York Times〉가 선정한 베스트셀러 작가가 되기로 마음먹었다. 그는 회고록 《마법의 생각 Magical Thinking》에서 이렇게 말했다.

"비참한 생활을 이어가는 알코올중독자 카피라이터와 평단의 호평을 받으며 선풍을 일으키는 작가의 차이는 엄청나다. 협곡만큼이나 거대하다. 어느 날 나는 바로 그 협곡을 뛰어넘기로 작정했다."

14일 뒤에 그는 《셀레비전 Sellevision》이란 소설의 원고를 탈고했다.

"나는 그것이 베스트셀러가 되리라 예상하지 않았다. 그 책은 팝콘

북이었다. 내가 기대한 것은 그 책이 출판되리라는 것이었다."

《셀레비전》을 출판한 그는 이어서 어린 시절의 기억을 담은 회고록을 썼다.

"나는 이 책이 〈뉴욕타임스〉 선정 베스트셀러의 상위 목록에 올라야 한다고 생각하기로 했다. 12개 국어로 번역되고, 영화로 제작되어야 한다고 생각했다."

그의 에이전트는 꿈을 너무 크게 갖지 말라고 충고했다. 이에 대해 어거스텐은 다음과 같이 설명했다.

"그의 말을 이해할 수 없는 것은 아니었다. 하지만 나는 내 책이 대단한 책이 되리라는 사실을 알고 있었다. 그 책이 특별히 잘 쓰였기 때문이 아니었다. 그 책은 베스트셀러가 되어야만 했다. 그래야 구차한 광고 일을 집어치우고 전업 작가가 될 수 있기 때문이었다."

어거스텐의 자서전 《가위 들고 달리기Running with Scissors》는 〈뉴욕타임스〉 선정 베스트셀러에 70주 연속 랭크됐다. 이 작품은 15개 국어로 출판되었고, 설명할 필요 없는 스타 아네트 베닝Annette Bening 주연의 영화로도 만들어졌다.

어거스텐은 말했다.

"운이 좋았다고? 절박한 남자의 탐욕스러운 소망이 어쩌다 채워졌다고? 천만에. 우연은 없다."

기도? 누구, 나?

"그건 우리 둘보다 더 커, 올리."
— 스탠 로렐Stan Laurel, 영국의 희극배우

사람들은 종종 내게 말한다.

"난 기도 같은 것은 안 해. 그런 건 시간 낭비야. 그것은 산타클로스나 이빨요정을 믿는 것과 다를 게 없어."

내 반응은? 기도를 그만두는 것은 있을 수 없는 일이다. 그만두려 해도 그만둬지지 않는다. 시인 토머스 머턴은 말했다.

"숨 쉬듯 기도한다."

앨 언서Al Unser도 그랬다. 언서는 그것을 기도라고 부르지 않았지만, 자신의 마흔여덟 번째 생일을 닷새 앞두고 인디애나폴리스500자동차 경주에 출전해 네 번째로 우승하며 기도의 진정한 힘을 입증했다.

인디애나폴리스500자동차 경주 대회에서 세 번이나 우승을 차지했지만 언서는 그해, 그러니까 정확히 1987년에 소속팀에서 아무런 통보도 없이 쫓겨났다. 22년 만에 처음으로 대기석에서 경기를 지켜봐야 하는 신세가 된 것이다. 스폰서를 비롯한 많은 사람들이 그를 '용도 폐기'된 선수로 취급하며 아무도 눈길을 주지 않았다.

그러나 그는 한순간도 자신이 레이스를 하기에 적합하지 않을 정도로 나이를 먹었다고 생각한 적이 없었다. 그는 자신이 여전히 이길 수 있다는 사실을 알았다. 그 '기도'는 아주 위력적이었다. 그를 대신해 팀에 들어간 레이서 대니 언가이스Danny Ongais가 연습 도중 큰 부상을 입자, 언서는 예비용 중고차 마치-코스워스March-Cosworth를 타고 경주에 참가했다.

그를 제외한 어느 누구도 그에게 기대를 걸지 않았다. 그의 차는 낡아빠진 구식 모델이었다. 게다가 장내 방송에서 "시동 거세요!"라는 익숙한 신호가 떨어졌을 때, 그는 스무 번째 자리에 있었다.

그러나 세 번이나 우승을 차지했던 언서에게 그런 것쯤은 아무것도 아니었다. 그는 온몸의 털 하나까지 자신의 승리를 믿어 의심치 않았다. 그는 승리 이외에는 아무것도 생각하지 않았다.

183번째 바퀴에서 그는 앞으로 치고 나갔고, 마침내 결승선을 통과해 네 번째 인디애나폴리스500자동차 경주의 우승 타이틀을 거머쥐었다. 앨 언서는 단 한순간도 의심하지 않았다. 그의 생각은 다름 아닌 승리를 위한 기도였다.

누구나 한 번쯤 들어본 엄마 이야기도 있다. 냉동식품을 가득 담은 슈퍼마켓 쇼핑백보다 더 무거운 것은 들어본 적 없는 그 엄마는, 2톤짜리 자동차를 들어 올려 차 밑에 깔린 여섯 살짜리 아들을 구해냈다. 그 순간 그녀의 머릿속에는 소중한 아들을 빼내야겠다는 생각밖에 없었다. '차를 들어야 해!'라는 외침은 그때 그녀의 마음속에 있던 유일한 기도였다. 나중에 그녀는 어떻게 그런 터무니없는 행동을 할 생각을 하게 됐느냐는 질문을 받았다. 하지만 그녀는 자신이 한 일을 제대로 기억조차 하지 못했다.

방법

"우리는 그렇게 생각하도록 규정된 조건에
단단히 갇혀 있다."
– 벅민스터 풀러

이 실험에서는 오로지 생각의 힘만 사용해 당신의 삶 속으로 어떤 것을 끌어들일 것이다. 당신은 특정한 사건이나 사물을 당신의 삶으로 끌어들이겠다는 의도를 정할 것이다. 정확한 모양과 유형을 구체적으로 생각하라.

당신에게 주어진 시간은 48시간밖에 없기 때문에 절대로 빌록시로 돌아갈 생각이 들지 않을 만한 대상을 고르는 편이 좋다. 예를 들어 BMW Z3 2.8 로드스터를 갖기로 작정한다면, 머릿속에서 '웃기시네, 집어치워'라고 말할 가능성이 크다. 그런 생각으로는 뉴올리언스로 가기 어렵다. BMW Z3 2.8 로드스터를 가질 수 없어서가 아니라, 사고의 틀을 바꿀 때는 걸음마부터 연습해야 하기 때문이다. 아기에게 걷기도 전에 뛰라고 할 수는 없는 법 아닌가.

자, 당신의 마음을 찬찬히 들여다보라. 그리고 마음속에서 떠도는 어떤 것을 골라라. 극장의 로열석 좌석표 같은 것 말이다. 아니면 사랑하는 사람으로부터 꽃을 선물받는 것도 좋다.

내 친구 척은 이 실험을 하기에 앞서 팔자에 없는 호사를 누려보기로 마음먹었다. 한 번에 두 여자와 자겠다는 생각을 한 것이다. 아니나 다를까, 48시간이 다 되어갈 무렵 그는 한 여성을 만났고(물론 요즘에도 그는 그 여자와 데이트를 한다), 결국 그녀의 여섯 살 난 딸과 한 침대에서 자게 되었다. 아이가 엄마와 떨어지지 않으려 했기 때문이다.

여기서 얻는 교훈 하나. 그래서 기도는 가능한 한 구체적으로 하는 것이 중요하다. 그리고 가능성의 장이 가진 유머감각이 보통이 아니라는 사실 또한 잊지 말고 마음속에 새겨넣어야 할 것이다.

실험 보고서

원칙 아브라카다브라 원칙

근거 무엇이 됐든 확장에 초점을 맞춰라.

질문 아무것도 없는 곳에서 생각만으로 원하는 것을 끌어낼 수 있을까?

전제 의도를 정하고 그 결과에 초점을 맞춤으로써, 그것을 나의 삶 속으로 끌어들일 수 있다.

나의 의도 _____

필요한 시간 48시간

방법 나는 세상이라는 방대한 카탈로그를 훑어봤고, 이 실험을 위해 이것이 앞으로 48시간 안에 나타내고자 의도한 것이라고 정했다. 나는 온몸을 바쳐 그것에 초점을 맞출 것이다. 그리고 에이브러햄-힉스가 한 말을 기억할 것이다. "커다란 성채를 드러내는 것은 단추를 드러내는 것만큼이나 쉽다."

오늘 날짜 _____

시간 _____

마감 시간 _____

메모 _____
_____
_____
_____
_____

"이런 일이 일어났으면 하고 바랄 때가 있다.
어려운 결정을 내려야 하거나 난관에 봉착했을 때
갑자기 구름이 갈라지며 하늘에서 찰턴 헤스톤charlton heston을 닮은
목소리가 우리를 2층으로 부른다.
올라가보니 우리 삶을 관장하는 사서가 기다리고 있다.
그는 몇 시간이고 함께 앉아, 우리가 던지는 질문에
일일이 답해주고 방향을 잡아준다."
— 헨리에트 앤 클라우저Henriette Anne Klauser, 《쓰면 이루어진다Write It Down, Make It Happen》 저자

안내자 원칙:
가능성의 장에 이르면 정확한 안내를 무제한 받을 수 있다

내면의 안내는 언제든 이용할 수 있다. 내면의 보조를 받을 수 있는 시간이 따로 있는 것은 아니다. 지금까지도 그랬고, 앞으로도 그럴 것이다. 무슨 일에든.

의사결정을 위해 다른 도구를 끌어들이면 일만 더 번거로워진다. '심원心猿, monkey mind'은 번뇌로 마음이 차분하지 않고 소란스러우며 '어떻게 해야 하나, 뭘 해야 하나' 알지 못해 초조한 상태를 원숭이에 빗대어 표현한 불교 용어인데, 이런 마음 상태로는 문제를 해결하기 어렵다. 잔디를 깎는 데 손톱깎이를 사용할 수는 없지 않은가. 그러나 우리는 대부분 그런 식의 안내를 받는다. 즉 대뇌의 좌측 반구는 툭하면 잘못 판단하고 엉뚱하게 해석하고 멋대로 날조하는 경향이 있다.

의식conscious mind은 문제를 밝혀내고 목표를 세우는 단 두 가지 기능을 위해 존재한다. 의식을 제대로 갖춘 사람은 그 의식을 사용해 문제를 밝히거나 의도를 정했다가도 금방 제자리로 돌아온다. 그뿐이다. 대뇌피질이 잘하는 것은 그게 전부다. 씨앗을 심는 것. 그러나 의식은 씨앗을 심는 데 그치지 않고 개입하고, 찬반을 따져보고, 합리적 결정에 도달한다. 직감은 완전히 무시당한다.

문제를 밝히거나 의도를 정하기 무섭게 의식은 그것이 얼마나 큰 문제인지, 왜 빨리 해결되지 않는지, 그 의도가 얼마나 타당한지를 놓고 끊임없이 불평하기 시작한다. 그러다 '쳇, 다 해본 거야. 다 안다고. 지난번에도 성공하지 못했잖아' 하며 단념하고 만다. 두뇌의 이런 스핀 닥터spin doctor(특정한 목적을 위해 사건을 적당히 꾸며 발표하는 전문가 - 옮긴이)는 내세울 만한 자원이 아니다. 스핀 닥터는 판단하고 왜곡하고 불필요한 감정적 스트레스를 야기한다.

한 여자가 자신의 의식을 사용해 남편과 관계를 개선하겠다는 의도를 가졌다고 하자. 어려울 것 없지! 잘 생각했다! 그러려면 도중에 주저앉는 일 없이 처음 마음먹었던 의도를 그대로 밀고 나가야 하는 것은 물론, 의식을 잠깐 무시하고 실제로 도움을 줄 수 있는 원천을 찾아야 한다. 그런데 그녀의 의식은 합리적인 결정을 내리고자 여러 가지 선택안을 놓고 따져보기 시작한다. 그러고는 얼마 안 가 비명을 지른다.

"어휴, 끝도 없어."

그때부터 차고에 처박혀 멋대로 소리 지르는 10대 로커 밴드처럼, 가락도 맞지 않는 불협화음이 삐걱거리기 시작한다.

"우리 관계는 속 빈 강정이야."

"저 사람은 가진 것도 없고 게을러."

"나는 갖고 싶은 것을 절대 갖지 못할 거야."

다시 말해 의식은 해석하기 시작한다. 문제는 그 의식이 한 치 앞을 내다볼 줄 모르거나, 아니면 뭘 좀 알게 될 만큼 연륜이 쌓이기도 전에 이미 정해진 결정을 못 보고 지나친다는 점이다. 결과는 번잡하고 변덕스럽고 잔인하다.

가장 좋은 해결책은 이렇다. 손톱깎이는 원래 용도대로 쓴 다음 서랍에 도로 갖다 넣어놓고, 제대로 된 잔디 깎기 기계를 꺼내와야 한다. 내면의 안내자를 꺼내야 한다는 얘기다. 요령만 터득하면, 그 안내자가 매우 믿을 만하다는 사실을 알게 될 것이다. 게다가 그 안내자의 대답은 훨씬 더 평화스럽고 직관적이다. 또한 그 안내자는 의식이 이해할 수 없는 예측 불가능한 모든 요소에 응답한다.

내면의 안내는 꾸러미로 온다

"우리는 실제 생각하는 것보다
더 많은 가능성을 매순간 사용할 수 있다."
– 틱 낫 한釋一行, 불교 승려이자 평화운동가

가끔 내면의 안내는 청하지도 않았는데 올 때가 있다. 딸아이가 태어난 지 얼마 되지 않았을 때 열이 40도까지 올라 안절부절못했던 밤에도 그랬다. 나는 딸을 안고 집 안을 왔다 갔다 하며 겁에 질린 채 계속 뜨거워지기만 하는 아이를 어떻게 해야 할지 몰라 당황하고 있었다. 시간은 새벽 3시였다. 친구들이야 늘 "밤낮 가리지 말고 필요하면 언제든 전화해"라고 말하지만, 그리고 그건 진심으로 하는 말이었겠지만, 그렇다고 그 시간에 전화를 걸 수는 없었다.

내가 할 수 있는 일이라고는 좁은 아파트 거실을 왔다 갔다 하는 것이 고작이었다. 그때 갑자기 놀라울 정도로 또렷한 목소리가 마음속에 들려왔다.

'이런 소중한 선물을 허무하게 보내버리라고 주었겠는가?'

그 순간 나는 다 잘되리라는 것을 알았다.

내면의 안내는 가끔 웃기는 점쟁이 장난감처럼 또렷하게 메시지를 전한다. 내 친구 달린은 약간 황당한 꿈을 가진 적이 있었다. 달린은 자신이 다니는 노스캐롤라이나의 한 교회 음악감독 자리에 지원하라는 안내를 느낌으로 받았다.

한 가지 문제를 제외하면 그럴듯한 제의였다. 그런데 그 문제가 다소 심각했다. 그녀는 음악 훈련을 전혀 받은 적이 없고, 다룰 줄 아는 악기라고는 알토색소폰이 전부였다! 그나마도 실력이 형편없었다. 물론 그녀는 노래 부르는 것을 좋아했지만, 노래를 즐겨 부르는 것과 팀을 만들어 악기를 연주하게 하고, 성악가들과 협연하는 것은 전혀 다른 문제였다. 그녀의 의식은 스핀 닥터링하기 시작했다.

'달린, 너는 정말 터무니없어. 하나님, 아니 그 어느 누구라도 왜 네가 음악 단체를 이끌기 바라겠니?'

하지만 그녀는 포기할 수 없었다. 그래서 마지막으로 한 가지 시도를 해보기로 했다. 그래, 버저 비터$^{Buzzer\ beater}$(농구에서 경기 종료 버저와 동시에 날리는 슛 - 옮긴이)를 성공시키는 거야. 그 시간 이후로 그녀는 막판의 아슬아슬한 순간에 모든 일이 해결될 것이라고 스스로를 안심시켰다.

그녀는 내면의 안내와 거래를 했다.

'정말로 내가 음악 단체를 이끌기 바란다면, 오늘이 지나기 전에 목사님이나 이사장님이나 피아노 반주자나 누구든 만나게 해줘.'

그날은 월요일이고 다음 주까지 교회에 갈 일이 없을 테니 자신의 거래가 이뤄질 리 없다고 그녀는 생각했다. 그녀는 하루 종일 일하면서 생각했다.

'동네에서 이 세 사람 가운데 하나와 마주칠 확률이 얼마나 되겠어.'

일을 마치고 집으로 가는 길에 그녀는 슈퍼마켓에 들렀다. 계산대로 걸어가는데, 익숙한 목소리가 들렸다.

"달린, 여기서 뭐하세요?"

새벽 3시에 위로의 말을 건네는 심령의 소리가 아니었다. 이사장 메리 젠킨스의 목소리였다. 그녀는 계산하기 위해 달린 앞에 줄서서 기다리고 있었다.

안내는 묶음으로 온다. 《나의 꿈 나의 인생》을 쓴 나폴레온 힐$^{Napoleon\ Hill}$은 여러 해 동안 잠자리에 들기 전에 가상 내각을 소집해 회의를 열곤 했다. 장관들은 랄프 왈도 에머슨, 토머스 에디슨, 토머스 페인$^{Thomas\ Paine}$, 찰스 다윈$^{Charles\ Darwin}$, 에이브러햄 링컨$^{Abraham\ Lincoln}$, 루서 버뱅크$^{Luther\ Burbank}$, 헨리 포드$^{Henry\ Ford}$, 나폴레옹^{Napoleon}, 앤드루 카네기$^{Andrew\ Carnegie}$ 등이

안내자 원칙 **153**

었다. 가상내각의 총리로 힐은 그들에게 질문을 하고 그들에게 자문을 구했다.

이렇게 몇 달 동안 매일 야간 회의를 하다 보니, 내각에 임명된 사람들의 특성이 조금씩 드러났다. 예를 들어 링컨은 지각하기 시작했는데, 늦게 들어오면서도 늘 당당했다. 버뱅크와 페인은 종종 재치 있는 답변으로 좌중의 감탄을 자아냈다.

"너무 실감 나서 결과가 두려워졌다. 그래서 그만두었다."

힐은 《나의 꿈 나의 인생》에서 그렇게 실토했다.

내면의 비범한 안내를 받은 다른 사람들과 마찬가지로, 힐은 야간 내각회의를 인정하기 꺼렸다. 하지만 그는 이렇게 말했다.

"장관들이 완벽한 허구일지 모르지만, 그들은 나를 장엄한 모험의 여정으로 이끌어 진정한 위대함을 다시 이해하게 해주었고, 창조적 노력을 부추겼으며, 정직한 생각을 표현하도록 용기를 주었다."

내면의 안내를 들을 수 있을 만큼 마음을 열어놓으면 그것은 어디서든 꾸러미로 온다. 간혹 머리 쪽에서 쾅 소리가 날 정도가 되어야 겨우 알아채는 사람이 있다. 또 어떤 사람은 《우주가 사라지다》의 저자 게리 레너드처럼 마음을 활짝 열어놓은 상태에서 어느 날 밤 TV를 보다 갑자기 나타난 두 명의 승천한 스승들ascended masters에게 안내를 받기도 한다.

마이클 벡위스Michael Beckwith는 로스앤젤레스 인근에 있는 아가페국제영성센터Agape International Spiritual Center에서 영향력 있는 신사상New Thought 목사가 되기 전에, 자신의 눈앞에서 두루마리가 펼쳐지는 것을 똑똑히 보았다. 두루마리에는 이렇게 적혀 있었다.

"타코마 종교 교회에서 설교하는 마이클 벡위스."

마침 타코마의 목사로부터 전화가 걸려왔다.

"이보시오 마이클, 우리 교회에 와서 설교 좀 해주시오."

마이클은 답했다.

"알겠습니다."

내면의 안내를 왜 거부할까

"고등 종교의 주요 기능 중 하나는
하나님을 직접 경험하지 못하도록 사람들을 보호하는 것이다."
— 칼 융Carl Jung, 심리학자

불행하게도 우리는 받아들일 수 있는 안내의 범위를 제한해왔다. 우리는 신으로부터 온 네온사인, 전신, 봉인된 편지는 괜찮지만, 그 밖의 것들은 조금 두렵다고 생각한다.

TV 드라마 〈매드맨Mad Men〉을 보는 도중 코앞에 느닷없이 두루마리가 펼쳐지거나 승천한 스승들이 TV 앞에 툭하고 나타나면, 대부분 혼비백산할 것이다. 우리의 신경경로는 손사래를 친다.

"아니, 나는 말고요. 나는 아직 준비가 안 됐어요."

아마 천사가 침대 발치에 나타나면, 당신은 경찰에 신고부터 할지도 모른다. 내면의 안내 입장에서 보면 난감한 일이 아닐 수 없다. 누가 당신에게 질문을 한 다음, 등을 돌리고 당신이 답하는 말을 들으려고 하지 않는다면 기분이 어떻겠는가? 귀를 손가락으로 막고 "랄랄랄라" 떠들어대는 다섯 살짜리와 만난 것 같지 않겠는가?

전화가 울릴 때 수화기를 들고 다짜고짜 큰소리로 떠드는 사람은 없을 것이다. 우선 "여보세요"라고 한 후, 전화 건 사람의 말을 들을 것이다. 그런데도 우리는 높은 곳에 계신 분이 분명한 지침을 주지 않는다고 원망하면서 애꿎은 전화기만 내동댕이친다.

닐 도널드 월시 Neale Donald Walsch (《신과 나눈 이야기 The Complete Conversations with God》의 저자 – 옮긴이)도 그랬다. 마음속으로 까다로운 질문을 준비하고 앉아 조용히 펜을 들었을 때, 막상 하나님이라고 생각되는 목소리가 이렇게 응답해오자 그는 크게 당황했다.

"정말로 답을 알고 싶은 거냐, 아니면 그저 아무렇게나 해보는 소리냐?"

응대를 해야 하나 말아야 하나 조금 망설이면서 월시는 말했다.

"글쎄요. 둘 다일 겁니다. 하지만 답을 알고 계신다면, 저는 듣고 싶습니다."

내면의 안내가 운이 좋은 몇몇 소수에게만 나타난다는 터무니없는 생각은 어디서 비롯되었을까? 대부분은 하나님에 대한 근거 없는 이야기로 귀결된다. 하나님은 아주 신비하고 주일에나 뵐 수 있는 분이라고 우리는 믿고 있다. 그래서 내면의 안내가 믿을 만하고 언제든 이용할 수 있다는 생각은 아예 하지 못한다. CNN을 보려면 언제든 TV만 켜면 되는 것처럼, 그 소리를 듣고 싶다면 언제든 들을 수 있다. 그 정도로 그것은 믿을 만하다.

당신은 마음대로 원할 때 신을 불러내 분명한 답을 요구할 수 있다. 지금 당장이라도 말이다.

안내는 연중무휴 이용 가능

"사람들은 아무리 증거가 많아도 시간이 지나면
정상적이지 않은 경험은 배척하는 경향이 있다."
– 마사 벡Martha Beck, 잡지 〈O〉의 칼럼니스트

앞에서 언급했던, 두루마리를 보았다는 마이클 벡위스는 어느 날 풍차를 바라보고 있었다. 그때는 목사가 되기 전으로, 하나님의 부름에 응하기로 결정한 것이 잘한 일인지 확신이 서지 않았을 때였다. 그는 단도직입적으로 말했다.

"그러니까 말이죠, 하나님. 제 말을 들으신다면, 이게 진정으로 제게 원하시는 것이라면, 풍차가 저를 향해 돌아가도록 해주세요."

풍차는 다른 방향으로 빠르게 돌고 있었다. 그런데 그의 말이 끝나기 무섭게 풍차는 다른 방향으로 돌다 말고 그를 향했다.

물론 그가 이런 희한한 경험을 한 것이 처음은 아니었다. 그는 학교를 졸업하기 위해(당시에 그는 의사가 되고 싶어 했다) 마약을 팔았다. 물론 친구들에게만 팔았다. 사교성이 좋고 성격이 활달했던 덕에 그의 사업은 날로 번창했다. 마리화나 판매 범위는 점점 넓어져 잘만 하면 스물

네 살 전에 한몫 움켜쥐고 은퇴할 수 있겠다고 그는 확신했다.

하지만 뭔가 잘못되었다는 생각이 머릿속을 떠나지 않았다. 내면의 안내는 계속해서 그를 괴롭히며 이상한 꿈을 통해 더 좋은 방법이 있다고 강력하게 주장했다. 그는 마약 판매를 포기하고 "더 좋은 방법"을 따르기로 결심했다. 그리고 친구들에게 더 이상 마약을 팔지 않겠다고 말했다. 이를테면 은퇴 선언이었다. 그런데 남아 있던 마약을 마지막으로 처분하던 날, 그는 연방요원들에게 체포되었다. 그는 마약 45킬로그램을 소지하고 있었을 뿐 아니라, 큰 액수의 현금과 총을 가지고 있었고, 감시카메라에 거래 현장을 찍힌 터였다. 그래도 그의 내면의 소리는 이렇게 말했다.

"모두 다 잘 해결될 거야."

태연한 표정으로 재판을 준비하는 그를 보며 친구들은 제정신이냐고 나무랐다.

"정신 바짝 차리고 어떻게든 빠져나올 궁리를 해야 하는 것 아니야?"

그는 나중에 그렇게 말했다.

"나는 죄를 졌다. 하지만 모든 일이 잘될 거라는 하나님의 말을 믿었다."

당시 그는 더 큰 비전을 보았다. 그는 겸허히 재판에 임했다. 그의 변호사는 O. J. 심슨^{O. J. Simpson}의 변호사로 유명한 로버트 샤피로^{Robert Shapiro}였다. 당시는 샤피로가 변호사로 막 첫발을 내디딘 때였고, O. J. 심슨 사건이 일어나기도 전이었다. 마이클은 어찌 됐든 하나님은 자신을 사랑하시며, 자신은 매우 실질적인 존재로부터 보호받고 있다고 믿으면서 마음을 편하게 가졌다.

아니나 다를까, 그는 모든 사람의 예상을 뒤엎고 방면됐다. 판사는 그를 풀어주면서 다시는 만나지 않기를 바란다고 말했다. 마이클도 그럴 일은 없을 거라고 확신했다.

무한한 가능성의 장은 그것을 비웃는 사람에게도 영향을 미친다. 1975년 제럴드 잼폴스키Gerald Jampolsky는 겉보기엔 성공한 정신과 의사였지만, 속으로는 피폐할 대로 피폐해진 상태였다. 20년을 지탱해온 결혼 생활이 파경을 맞은 후 그는 폭음으로 세월을 보냈다. 더군다나 만성적인 요통으로 거동이 불편할 정도였다. 물론 더 높은 곳의 안내 운운하는 말에는 코웃음을 쳤다.

"나는 '하나님'이니 '사랑'이니 하는 말이 들어가는 사고 체계에는 전혀 관심 없는 사람이었다."

그는 말했다. 그러나 《기적 수업》을 읽고 나서 그에게 어떤 또렷한 목소리가 들렸다.

"의사 양반, 자기부터 고치라고. 그게 살아남는 길이야."

앞에서 몇 번 언급한 이 책은 두려움보다는 사랑을 선택해 개인을 변화시키는 법을 가르친다.

그리고 이번에도 역시 내면의 안내는 위력을 발휘했다. 잼폴스키는 그 후로 많은 책을 썼다..그는 여러 곳을 다니며 《기적 수업》의 원칙을 강의했고, 캘리포니아 소살리토에서 생명을 위협하는 질병으로 고생하는 사람들을 위한 요양소를 열었다.

즉각적이고 직접적인 안내는 연중무휴로 이용할 수 있다. 그러나 우리는 주의를 기울이지 않고 듣지 않으려고 하는 자연스럽지 못한 습관이 몸에 배어 있다. 현대 기술을 접한 적이 없어, 생물 수업을 같이 듣는 예쁜 여학생과 머리맡에 있는 전화로 데이트 약속을 할 수 있다는 것을 모르는, 오지의 교환학생과 다를 바 없다. 그녀에게 말을 걸려면 내일이 되기를 기다려야 한다고 그는 생각한다. 이 책 앞부분에서 언급했던, 바로 곁에 있는 히터를 못 보았던 나와 다를 것이 없다.

내면의 안내가 이끈 사랑

"하나님이 내게 뚜렷한 신호를 주시기만 한다면!
가령 스위스 은행에 내 이름으로 큰돈이 입금된다든지……."
– 우디 앨런Woody Allen, 영화 감독

여배우 제이미 리 커티스Jamie Lee Curtis는 25세 때 친구 데버러 힐Debra Hill과 함께 로스앤젤레스의 한 아파트에 살고 있었다. 커티스의 데뷔작인 공포영화 〈할로윈Halloween〉을 제작한 데버러는 집들이 기념으로 잡지 〈롤링스톤Rolling Stone〉 최신호를 가져왔다. 두 사람은 잡지를 넘기며 최근에 헤어진 제이미 리의 남자친구에 대해 가벼운 마음으로 수다를 떨고 있었다. 그때 두 사람은 잡지에서 세 남자의 사진을 보았다.

제이미 리는 오른쪽에 있는 남자를 가리켰다. 그는 체크무늬 셔츠를 입고 우스꽝스러운 표정을 짓고 있었다. 그녀는 데버러에게 말했다.

"난 이 남자와 결혼할 거야."

한 번도 본 적 없고 이름조차 모르는 남자였지만, 내면에서 누군가가 그녀에게 "바로 이 사람"이라고 일러주었다. 데버러가 아는 척했다.

"그 사람은 크리스토퍼 게스트Christopher Guest야. 〈이것이 스파이널 탭이다This Is Spinal Tap〉라는 코미디 영화에 출연한 배우지. 그의 에이전트를 알고 있어."

배 속에서 끓어오르는 선명한 격정에 놀란 제이미 리는 다음 날 그 에이전트에게 전화를 걸어 자신의 전화번호를 알려주면서, 관심 있으면 연락 바란다고 크리스에게 전해달라고 부탁했다. 그러나 전화는 오지 않았다.

몇 달 뒤에 할리우드 서쪽에 있는 유명한 식당 휴고Hugo's에서 제이미 리는 잡지에서 본 그 남자를 발견하곤 똑바로 쳐다보았다. 겨우 테이블 세 개 떨어진 곳에 크리스가 앉아 있었다. 그는 "당신이 전화 걸었던 남자가 바로 나요"라고 말하듯 그녀에게 손을 흔들었다. 그녀도 마주 손을 흔들어주었다.

'흠, 재미있군.'

그녀는 생각했다. 크리스는 몇 분 뒤에 자리를 뜨기 위해 몸을 일으켰다. 그는 어깨를 한 번 으쓱이더니 다시 손을 흔들고는 문밖으로 걸어 나갔다. 제이미 리는 그 남자를 바라보느라 손도 대지 않은 자신의 접시를 내려다보며 내면의 안내 같은 우스꽝스러운 것을 믿은 자신을 나무랐다.

그런데 다음 날 그녀의 전화벨이 울렸다. 크리스토퍼 게스트였다. 그는 제이미 리에게 데이트를 신청했다. 나흘 뒤, 멜로즈에 있는 샨티 레스토랑에서 두 사람은 함께 저녁식사를 했다. 크리스는 한 달 뒤에 〈새터데이 나이트 라이브Saturday Night Live〉를 녹화하기 위해 뉴욕으로 떠났다. 그들은 이미 뜨거운 사랑에 빠져 있었다.

얼마 후에 크리스는 전화로 제이미 리에게 말했다.

"나 오늘 5번가를 걸었어요."

"아, 그래요? 거기서 뭐했는데요?"

"다이아몬드 좋아하세요?"

그들은 1984년 12월 8일에 결혼식을 올렸다. 제이미 리 커티스가 내면의 안내를 받은 지 여덟 달 뒤였다.

방법

"홍해를 가르고 바다를 피로 물들이고 숲을 태우는 것.
지금은 그런 일이 일어나지 않는다. 심지어 뉴욕에서도."
– 마이클 크라이튼Michael Crichton, 〈쥬라기공원Jurassic Park〉 저자

이 실험에서 당신은 제이미 리 커티스 같은 사람들이 받은 안내가 영화 〈환상특급Twilight Zone〉 같은 비상식적인 일이 아니라, 당신도 언제든 사용할 수 있는 매우 현실적인 도구라는 사실을 입증하게 될 것이다.

당신은 분명하고 구체적인 질문에 분명하고 구체적인 답을 기대하

며 48시간을 보낼 것이다. 그 질문은 샴고양이를 키울 것인지 말 것인지 같은 간단한 것일 수도 있고, 일자리 제안을 받아들여야 할지 말지 같은 복잡한 것일 수도 있다. 어느 쪽이든, 내면의 안내가 그런 문제를 분명하게 설명할 수 있도록 48시간을 주어라.

그러나 신중해야 한다. 나도 한 번 해봤는데, 직장에서 해고당하고 말았다. 물론 이제 와서 생각해보면 그것은 완벽한 대답이었다. 아마도 내가 했던 질문에 대해 들을 수 있는 유일한 답변이었을 것이다. 나는 이렇게 물었다.

"지금이 프리랜서 작가로 활동을 시작할 때인가?"

번거롭겠지만 예, 아니오로 대답할 수 있는 문제를 골라라. 정말 결정을 내리기 어렵고, 어떻게 해야 할지 모르겠다 싶은 것을 택하라. 지금 당신이 무슨 생각을 하고 있는지 나는 안다. 그게 무엇이든 상관없다. 그런 문제가 오히려 좋다. 이제 시계를 보라.

앞으로 48시간 이내에 논쟁의 여지가 없는 분명한 답을 보여달라고 요청하라. 즉시 답이 나올 수도 있고, 하루 정도 걸릴 수도 있다. 그러나 48시간 이내에 확실한 답을 얻을 것이라고 생각하라.

의도를 정하고 시간 제한을 정하는 것, 그것뿐이다. 나머지는 가능성의 장이 알아서 할 것이다.

앞에서 이야기한 바 있는 에설런 출신의 멋진 전직 서퍼 스탠은 일자리를 잃은 적이 있었다. 설상가상으로 3년이나 사귄 여자 친구는 그를 떠나겠다고 했다. 당장 결정해야 할 다른 중대한 문제도 있었다. 하지만 무엇보다 먼저 돈 벌 방법을 찾는 것이 급했다. 그러나 정말 무엇을 하고 싶은지는 그 자신도 알 수 없었다. 나는 그에게 평생을 바칠 만한 신성한 계획이 있다고 일러주었고, 그가 의도를 갖고 분명한 기한만 준다면 그 계획이 눈앞에 명확히 드러날 것이라고 말했다.

스탠은 가능성의 장에 이런 식으로 말했다.

"이봐요, 대장. 당신이 정말로 내 평생을 바칠 만한 계획을 갖고 있다면, 당신을 등대 삼아 나갈 거예요. 하지만 나는 시간이 많지 않아요. 그러니 금요일 아침까지, 당신의 생각을 알려주세요."

목요일 오후에, 스탠은 이전에는 한 번도 만난 적이 없는 어떤 남자와 온천에 앉아 있었다. 그 사람은 펜실베이니아의 로렐하이랜드에 자기계발센터를 열 계획이라고 말하며 그곳을 운영해줄 사람을 찾는 중이라고 말했다. 스탠은 온몸에 전율이 흘렀다. 아니나 다를까, 30분도 채 되지 않아 그는 일자리를 제안받았다.

가능성의 장에 모든 것을 맡겨라!

실험
보고서

원칙 안내자 원칙

근거 가능성의 장과 연결되면 정확한 안내를 무제한 받을 수 있다.

질문 즉각적이고 지속적인 안내를 받는 것이 정말로 가능한가?

전제 안내를 요청하면, 예 또는 아니오로 답할 수 있는 질문에 대한 분명한 답을 얻을 것이다.

필요한 시간 48시간

오늘 날짜 _____

시간 _____

마감시한 _____

방법 좋다. 해보자. "오케이, 내면의 안내자. 이 질문의 답을 듣고 싶다. 48시간을 주겠다. 서둘러주기 바란다."

메모 _____

_____

_____

_____

_____

_____

_____

_____

"세상만사는 물리 법칙을 따르지 않는다.
마음은 원자 집단에 영향을 미치고,
심지어 원자의 행동에도 간섭한다."
— 아서 스탠리 에딩턴 경Sir Arthur Stanley Eddington, 수학자이자 천체물리학자

슈퍼히어로 원칙:
생각과 의식이 물질을 바꿔놓는다

일본의 과학자 에모토 마사루江本勝는 인간의 말이나 생각이나 감정이 물질에 미치는 영향을 15년 동안 연구했다. 에모토 박사는 물질을 이루는 네 가지 전통적 요소 중 하나인 물을 택해 그것이 말과 음악과 기도와 축복에 어떻게 반응하는지 살폈다. 에모토와 그의 조수들은 1만 개 이상의 물 표본을 채취해 물에 말하고 음악을 들려주고 성직자에게 부탁해 기도를 해주었다. 그런 다음 표본을 얼려 현미경으로 얼음 결정체를 조사했다.

  물이 이런 것들과 무슨 관계가 있을까? 물은 어디에나 있다. 심지어 공기 중에도 있다. 지구도, 인간의 몸도 70퍼센트 이상이 물로 구성되어 있다. 그러니 말과 생각이 물에 영향을 준다면, 물로 이루어진 더 크고 더 복잡한 체계에도 당연히 영향을 미칠 것이다. 그것이 바로 에모토의 생각이었다.

에모토 팀은 물에 "사랑해" 또는 "고마워"라고 말하는 등 상냥하게 대하면, 물이 또렷하고 아름다운 결정을 만든다는 사실을 발견했다. 그러나 "네가 미워!" 또는 "이 바보야!" 같은 말을 던졌을 때는 결정이 어둡고 흉칙하게 바뀌었다. 실연의 상처를 노래한 엘비스 프레슬리Elvis Presley의 〈하트브레이크 호텔Heartbreak Hotel〉을 들려주자 얼음 결정은 둘로 갈라졌다.

후지와라 호수의 댐에서 얻은 물 표본을 놓고 성직자가 한 시간 동안 기도를 한 후 결정의 모습이 어떻게 달라지는지 보여주는 사진도 있다. 어둡고 일정한 형태도 없이 흉한 모습을 띠고 있던 결정은 기도를 듣고 난 후 맑고 환한 흰색 육각결정이 겹친 모습으로 변해 있었다. 그는 또한 기도를 통해 한 번도 본 적이 없는 새로운 형태의 결정체를 만들어 낼 수 있다는 사실도 알아냈다.

서구인들은 몸과 마음의 힘과 에너지에 관한 교육을 제대로 받아본 적이 없다. 서구인들은 내면의 지혜에 귀를 기울이며 몸을 그에 맞추도록 훈련받은 것이 아니라, 이런 말만 들었다.

"여기 의사가 있고, 간호사도 있다. 뭔가 잘못되었다는 생각이 들면 그들을 찾아라."

우리의 농구 실력으로 팀을 만들 수 있는지 없는지는 농구 감독이 판단한다. 우리의 기술과 지식이 어느 수준에 이르렀는지는 학교 선생님이 알려준다. 이렇듯 우리는 우리의 힘을 외부의 힘을 빌려 평가받도록 가르침을 받았다.

아빠의 고발장

"내 마음은 도저히 혼자 들어갈 엄두가 나지 않는
험한 동네다."
— 앤 라모트Anne Lamott, 《가벼운 삶의 기쁨Help, Thanks, Wow》 저자

1956년 1월 17일 내가 처음 세상에 나왔을 때, 아빠는 핑크색 요람에 누워 있는 내게 눈길을 한 번 주신 후 엄마에게 이렇게 못생긴 아기는 처음 본다고 말했다. 엄마의 기분이 어땠을지 물어보지 않아도 짐작이 간다. 그리고 세상에 나온 지 1분밖에 안 된 나에게도 아름다움 또는 그것의 결핍은 내가 사는 매 순간 영향을 미칠 수밖에 없는 운명적인 것이 되고 말았다.

내 삶을 바꾸어놓은 아빠의 고발장은 내 코에서 비롯된 것이었다. 내 코는 차에 치어 죽은 주머니쥐처럼 찌그러져 있었다. 엄마가 18시간이나 산통으로 고생하자 의사는 금속 집게로 나를 엄마 배 속에서 끄집어내기로 결정했다. 안 나오겠다고 버티는 나와 끄집어내려는 집게가 싸움을 벌이는 와중에 내 코가 납작해진 것이다.

시간이 가면서 내 코는 사람들 틈에 끼어 있어도 두드러져 보이지 않을 정도로 도톰해졌지만, 내 연약한 자아는 여전히 사나운 몰골 그대로였다. 나는 필사적으로 예뻐지려고 노력했다. 나는 아빠에게 내가 봐줄 만한 딸이라는 사실을 입증해보이고, 나로 인해 상처 입은 엄마의 마음을 달래드리고 싶었다.

나는 생물학자들이 세포를 공부하듯 모델들을 분석하고 미용잡지를

뒤졌다. 오렌지주스 캔으로 머리카락을 말아보고 〈세븐틴Seventeen〉 잡지에 나온 광고를 보고 여드름 제거기와 얼굴 가리개를 주문했다. 용돈을 아껴 전기 고데기도 샀다. 핸드크림 바셀린Vaseline을 잔뜩 바른 뒤 침대 시트에 묻지 않도록 장갑을 끼고 자기도 했다. '몽고메리 워드Montgomery Ward (미국의 대형 백화점-옮긴이)' 팸플릿에서 그럴듯해 보이는 헤어스타일이 있으면 오려내 나만의 미용책에 갖다 붙이기도 했다.

50여 가지의 다양한 헤어스타일 말고도 나의 미용책에는 내 아름다움의 목표를 드러내는 메모가 가득했다. 허리를 5인치 줄일 것, 가슴 사이즈를 6인치 늘릴 것, 머리카락을 기를 것 등. 이런 목표를 실현하기 위한 계획을 적은 페이지도 따로 있었다. 허리를 줄이기 위해 매일 윗몸일으키기를 50회 이상 할 것, 아침에 먹는 팬케이크를 두 개로 제한할 것, 소다 음료를 끊을 것 등이었다.

이런 눈물겨운 노력에도 불구하고 나는 여전히 예쁘지 않았다. 그 무엇을 해도 예뻐질 수 없을 것 같았다. 내가 무슨 재주로? 나의 모든 생활방식은 아빠의 "못생긴 아기"라는 말에 초점이 맞춰져 있었다. 그 말은 내 삶을 규정하는 첫 번째 문장이었고, 내 생활의 중심이 되는 선언이었다. 그 선언을 거역하는 것은 내가 아는 모든 존재, 아빠, 엄마, 나 자신의 이름을 더럽히는 것이었다.

상황은 점점 더 나빠졌다. 6학년 때 시력이 약해져 검은 뿔테안경을 낀 것이다. 9학년 때 좀 더 예뻐 보이려고 아빠를 설득해서 결국 콘택트렌즈를 샀지만, 마치 점을 연결하는 그림책처럼 여드름이 나면서 내 얼굴은 더 이상 희망이 없어졌다. 아기를 돌봐주고 번 돈은 화장품을 사는 데 몽땅 들어갔다. 어느 여름날 초콜릿과 음료수가 여드름에 나쁘다는 말을 들은 뒤부터는 코카콜라와 캔디 바도 포기했다.

한번은 태어날 때 집게의 도움이 필요 없었고 아빠에게 못생겼다는 비판도 받지 않은 운 좋은 여동생이, 별 문제가 없어 보이는 내 앞니를 가리키며 뻐드렁니라고 지적해주었다. 나는 다시 한 번 집안 식구들을 들볶아 치열 교정기를 했다.

그러나 슬프게도 이 모든 노력이 쓸모가 없었다. 내 마음속에 깊이 자리 잡은 나 자신에 대한 생각을 바꾸기 전까지는 무슨 짓을 해도 여전히 '못생길' 수밖에 없다는 사실을 그때는 몰랐다. 나는 운동을 할 수도 있었고, 화장을 할 수도 있었고, 머리를 파마할 수도 있었지만, 아빠의 선언이 내가 처치해야 할 생각 바이러스인 한, 나는 영원히 "못생긴 아기"일 수밖에 없는 운명이었다. 물론 일시적인 호전은 있었다. 얼굴을 깨끗이 관리하고, 머리카락을 공들여 기르고, 치아를 고르게 하면 조금 좋아 보였다. 그러나 얼마 안 가 다른 어떤 것들이 나의 친숙한 '못생김'을 되돌려놓곤 했다. 내 몸은 내 생각이 부여한 청사진을 따를 수밖에 없었다.

그즈음에 나는 자기계발서들을 읽기 시작했다. 불가피한 만남이었다. 자신이 프랑켄슈타인을 닮았다고 생각하는 대학 신입생들은 찾아낼 수 있는 모든 자존감을 찾아내 부풀릴 필요가 있다.

나는 웨인 다이어Wayne Dyer 박사가 쓴 《행복한 이기주의자Your Erroneous

Zones》로 시작했다. 전설적 앵커 바버라 월터스Barbara Walters가 쓴 대화법에 관한 책도 읽었다. 친구를 설득하고, 사람들에게 영향력을 행사하고, 긍정적인 사고로 힘을 얻고, 생각으로 부자가 되는 법을 배웠다. 이 모든 책을 통해 나는 나 자신을 바라보는 방식을 바꾸기 시작했다. 나는 내가 정말로 좋아하는 것들을 찾기 시작했다.

외모야 좀 그렇다 해도, 내게도 한 가지 장점은 있었다. 나는 키가 컸다. 그것은 먹고 싶은 것을 어느 정도 먹어도 크게 살찌지 않는다는 사실을 의미했다. 숱 많은 머리카락도 자산이었다. 그리고 영원한 내 편인 엄마는 나를 볼 때마다 내가 완벽한 눈썹을 가졌다고 감탄했다.

나는 더 이상 내가 싫어하는 것을 보지 않고, 내가 좋아하는 것들에 집중하기 시작했다. 그러자 마술처럼 내 외모가 달라지기 시작했다. 안 된다는 생각을 버리자 예쁜 모습이 보이기 시작했다. 거울 속의 불쌍한 괴물을 질책하는 횟수를 줄일수록 나는 더 빨리 변했다. 나를 바꾸려 애쓰는 일을 그만둘수록 더 많이 변했다.

기적처럼 시력도 정상으로 돌아왔다. 나는 콜라병 모양의 안경과 콘택트렌즈를 던져버렸다. 얼룩덜룩했던 얼굴이 말끔해지고, 몇 달 동안 교정기를 끼자 치아도 다른 가족들처럼 고르게 되었다. 사실 내가 아주 못생겼다고 느끼는 유일한 시간은 아빠와 아빠의 두 번째 부인을 찾아갈 때뿐이었다.

나는 나에 대한 아빠의 믿음을 만족시켜드리기 위해, 아니 그보다는 나에 대한 아빠의 믿음이라고 내가 생각하는 것을 만족시키기 위해, 아빠를 찾아가는 동안 도로 내 외모를 바꾸고 있었다. 이제 나는 아빠의 발언이 아무런 의미 없이 던진 지나가는 말이었다는 사실을 알고 있다. 아빠에게 무슨 악의가 있던 것은 아니었다.

그러나 그때는 그런 사실을 몰랐기 때문에, 나는 아빠의 "못생긴 아기"라는 말을 새겨들었고 세세한 부분까지 그에 따라 행동했다. 심지어 나쁜 시력까지(모르는 사람들은 유전적 문제라고 말했지만) 나 혼자서 만들어낸 것이었다. 우리 가족(모두 다섯 명) 중에는 나 말고 안경을 쓴 사람이 한 명도 없다. 모두들 시력이 1.0 이상이다. 마찬가지로 우리 가족 중 나 말고는 아무도 치열 교정기를 낀 사람이 없다. 모두들 완벽하게 가지런한 치아를 갖고 있다.

낙관적인 인식의 결과

"이제부터 더 이상 우는 소리를 내지 않고,
미루지 않고, 요구하지 않으리. 지금 이 시간부터
한계와 가상의 선을 넘겠다고 다짐하리라."
– 월트 휘트먼Walt Whitman, 시인

'병은 선택이다.' 어쩌면 이 책에 이 부분을 포함시킨 것 때문에 내 머리에 이상이 없는지 검사받아봐야 할지도 모르겠다. 하지만 조금만 기다리면 이 책의 뒷부분에 검사 결과가 나올 테니 너무 조급하게 생각하지 않아도 된다.

이렇게 저렇게 맺히고 쌓인 울화 때문에 암이 생긴다든가, 스트레스 때문에 밤사이에 머리가 셀 수도 있다는 말을 당신이 못 들어봤을 것 같아 하는 말이 아니다. 내가 이렇게까지 단호하게 말하는 이유는 오만하고 탐욕스러운 의료 체계가 우리로 하여금 질병이 불가피하다고 믿게 만들면서 우리를 현혹시켰기 때문이다. 의사나 간호사나 의료계에 종사하는 다른 사람들을 비난하는 말이 아니다. 그들 중 99.9퍼센트는 자상하고 헌신적이며 선의를 갖고 환자를 대한다. 그들도 우리와 마찬가지로 현혹되었을 뿐이다.

내가 주장하는 것은 우리 모두의 잘못된 인식이 결국 중요한 '컴퓨터 장애'를 일으킨다는 것이다. 우리는 병을 바로잡아야 할 문제로 보는 것이 아니라, 우리가 어찌 해볼 수 없는 기정사실로 받아들인다. 누구도 아프지 않고 살 수 없으며 병은 자연스러운 것이라는 이런 독단적인 규칙에 우리 모두가 동의했다. 우리는 완벽한 건강을 상상조차 하지 못한다.

오래전에 우리의 마음은 이미 이런 잘못된 인지 유형을 만들어놓았다. 막힌 동맥을 뚫을 수 없다고 마음이 생각하면, 마음은 그런 생각을 두뇌에 통보하고, 두뇌는 다시 근육에 통보한다. 의식 속의 이런 '바이러스'는 우리 몸의 위대한 지혜를 활용하는 능력을 제한해왔다.

몸이 퇴화할 수밖에 없다는 믿음은 사실 우리가 오래전부터 현실이라고 믿었기 때문에 현실처럼 보이는 것일 뿐이다. 프랑스 의사이자 노벨상 수상자인 알렉시 카렐Alexis Carrel 박사는 세포를 계속 살아 있는 상태로 유지할 수 있다는 사실을 증명해보였다. 그는 말했다.

"세포가 퇴화해야 할 이유는 없다. 언제까지고."

앞을 못 보는 눈을 스스로 치료한 메이어 슈나이더Meir Schneider는 이렇게 설명한다.

"우리는 교육을 통해 우리가 능력이 없고, 제대로 아는 것이 없다고 배웠다. 하지만 그렇지 않다. 우리 안에는 우리가 알아야 할 모든 것이 있다."

1954년에 우크라이나 르베프에서 태어났을 때, 슈나이더는 사시에 녹내장, 난시, 안구진탕증 등 눈을 괴롭히는 질병이란 질병은 죄다 갖고 있었다. 백내장이 너무 심해 일곱 살이 되기도 전에 큰 수술을 다섯 차례나 받아야 했다. 다섯 번째 수술 때는 수정체를 다쳤고, 2학년이 되었을 때 그는 결국 법적으로 시각장애자라는 판정을 받았다. 현대 의학의 수준이 그 정도였다.

열일곱 살 때 슈나이더는 아이작이라는 친구를 만났다. 아이작은 의사들과는 다른 이야기를 했다. 그보다 한 살 어린 아이작은 아무렇지도 않게 당당히 말했다.

"네가 마음만 먹으면 얼마든지 훈련을 통해 앞을 볼 수 있어."

그전까지 그런 말을 해주는 사람은 아무도 없었다. 누구를 만나든 슈나이더는 늘 똑같은 말을 들었다.

"아이고 가엾어라. 앞도 못 보는 불쌍한 것."

슈나이더의 가족은 다른 선량하고 자상한 가족들처럼 그가 헛된 희

슈퍼히어로 원칙 **175**

망을 갖지 않도록 미리 단념시켰다.

"그래, 연습해봐. 하지만 잊지 마라. 너는 앞을 못 보는 아이야."

1년이 채 안 돼, 아이작이 예견한 대로 슈나이더는 앞을 보기 시작했다. 처음에는 또렷하지 않았는데, 그렇다 해도 슈나이더를 수술이 불가능한 시각장애자라고 단정했던 의사들보다 열여섯 살짜리 아이작이 더 많이 안다고 말할 수 있을 정도는 되었다.

결국 슈나이더는 읽고 걷고 뛰고, 심지어 운전도 할 수 있을 정도의 시력을 찾았다. 그는 당당하게 캘리포니아 운전면허증을 땄으며, 지금은 자활치료센터를 운영하고 있다.

"시각장애인은 스스로 볼 수 없다고 생각하기 때문에 더욱 못 본다. 그들은 너무도 쉽게 자신을 어떤 범주에 던져 넣는다."

그는 이렇게 말했다. 그는 사람들이 낙관적인 개념을 왜 그렇게 이상하게 여기는지 이해하지 못한다.

브루클린에서 살았던 바버라 스트라이샌드Barbra Streisand는 소녀 시절부터 영화에 푹 빠졌다. 그녀의 머릿속에는 멋진 영화배우가 되겠다는 생각밖에 없었다. 불행하게도 그녀의 홀어머니는 찢어지게 가난했고, 그녀의 외모는 그레이스 켈리Grace Kelly와는 거리가 멀어도 한참 멀었다. 제대로 된 진로 상담가였다면, 하나같이 그녀에게 다른 목표를 세워보라고 권유했을 것이다.

"얘야, 그러니까 네 코는 조금 특이해. 그러니 내가 너에게 더 이상 뭐라고 할 수 있겠니? 네가 배우가 되겠다는 건 카림 압둘-자바Kareem

Abdul-Jabbar(NBA의 농구 스타 - 옮긴이)가 승마 기수가 되겠다는 것과 다를 게 없어."

그러나 바버라의 의지는 너무 강했다. 나로서는 그녀가 갈 수 있는 유일한 통로를 통해 주변 환경을 바꾸었다고 생각할 수밖에 없다. 그녀는 믿어지지 않을 만큼 매혹적인 목소리를 내세워 브로드웨이에서 스타덤에 오르고 결국 영화의 주연 자리까지 꿰찼다.

눈을 부라리며 터무니없는 비약이라고 나를 몰아세울 사람도 있겠지만, 사실이 그랬다. 바버라의 가족 중 노래를 잘하는 사람은 아무도 없었다. 그녀의 집안은 음악적 재능과는 도무지 인연이 없는 평범한 집안이었다.

당신이 물질을 지배한다

"바뀌느니 파멸하는 편이 낫다. 이 순간 십자가를 기어올라
우리의 환상을 죽이느니 두려움에 떨다 죽는 편이 낫다."
— W. H. 오든 W. H. Auden, 시인

테리 맥브라이드 Terry McBride는 스물두 살 때 건설 현장에서 일하다 척추 디스크가 파열되는 사고를 당했다. 1년 동안 물리요법사를 만나고 접골 요법과 근육 이완 치료를 받았지만 전혀 차도가 없자, 그는 고민 끝에 척추 유합 수술을 받아야 한다는 정형외과 의사의 제안을 받아들이기로 했다.

"병원에 2주 입원하고, 집에서 2주 요양한 다음, 6개월 동안 허리 보호대를 착용하면 말끔히 나을 것이라고 하더군요."

내가 참석했던 강연장에서 맥브라이드는 그렇게 회고했다.

그러나 수술한 지 이틀 뒤, 그는 체온이 위험할 정도로 올라갔다. 의사들은 수술 과정에서 그가 대장균에 감염되었다는 사실을 발견했다. 다음 해에 그는 감염된 부분을 제거하는 수술을 여덟 차례나 받았다. 다섯 번째 수술 때는 워싱턴대학 부속병원으로 옮겨졌다. 그는 말했다.

"그곳에서 나는 유명 인사였습니다. 내 증세는 그때까지 의사들이 봐온 골수염 중 최악의 사례였거든요."

또 한 차례 수술을 받기 전날 밤, 의사들이 침울한 표정으로 그의 병실로 들어왔다. 그들은 맥브라이드에게 엑스레이 사진을 내밀었다. 척추만 감염된 게 아니었다. 골반과 복부와 두 다리까지 감염되어 있었다. 바이러스를 제거하려면 그 모든 부분을 절개해야 한다고 의사들은 말했다. 그렇게 하면 감염된 부분을 틀림없이 제거할 수 있을 거라고 그들은 장담했다. 그러나 오른쪽 다리를 쓸 수 없게 될지도 모른다는 말을 조심스레 덧붙였다. 맥브라이드는 이때에 대해 다음과 같이 말했다.

"나는 의사보다 더 대단한 사람에게 배운 것이 있었습니다. 존 웨인John Wayne이죠. 영화에서 누군가 존 웨인에게 다리를 잘라야 한다고 말했습니다. 그가 그러더군요. '상관없어요. 잘라야 한다면 그렇게 하세요.'"

그런데 의사가 말을 이었다. 감염 상태가 생각보다 심각하면 왼쪽 다리도 잘라야 하고, 그러면 창자와 방광이 제 기능을 잃을 수 있다는 것이었다. 성기능 장애도 각오해야 한다는 뜻이었다.

"솔직히 말해 그 부분은 그들의 실수였습니다. 내가 이 세상에 왔을 때 나는 자신을 좋아하는 아주 행복한 아이였습니다. 그러나 권위 있는 사람들이 나보다 나에 대해 더 많이 안다는 것을 배우는 데는 시간이 오래 걸리지 않았습니다. 나는 내가 주의를 기울여야 하고, 내가 학교에서 얼마나 착한 학생인지 말해줄 사람은 선생님이라고 배웠습니다. 내가 운동에 소질이 있는지 없는지 결정해주는 사람은 체육 선생님이었습니다. 나는 내가 누구인지 알기 위해 일찍부터 내가 아닌 다른 사람의 입을 쳐다보는 법을 배웠습니다. 어쩌면 그들에게 다리를 하나 내줘야 할지도 몰랐습니다. 그러나 의사들이 수술을 받지 않고 해결할 다른 방법은 없다고 우겼을 때, 나는 그때 그 자리에서 더 이상 내가 누구인지에 대해 어느 누구도 말하지 못하게 하겠다고 결심했습니다. 바로 그날 밤 나는 더 이상 그럴듯한 명찰을 가슴에 단 사람이 내 운명을 결정짓게 내버려두지 않겠다고 결심했습니다."

그날 밤 그의 인생은 바뀌었다. 영적 원칙을 탐구하던 맥브라이드는 그 방에 있던 다섯 명의 의사와 아내와 두 살짜리 딸에게 우주에는 어떤 힘이 있다며, 그는 그 힘을 이용해 건강을 되찾고 자유로워질 것이라고 선언했다.

사실 그가 그런 말을 처음 꺼냈을 때는 모든 사람이 격려해주었다.

"아무렴, 그래야죠. 그 꿈을 단단히 붙잡고 힘내세요!"

그러나 열 번의 수술이 끝났을 때, 사람들은 그에게 "현실을 직시하라"고 다그치면서 하찮고 자기중심적인 우선순위에 더 이상 집착하지 말라고 그를 타일렀다.

"사람들은 내 딸을 번쩍 들어 올릴 정도로 강한 허리를 갖는 것을 하찮고 자기중심적인 생각이라고 했습니다. 비닐봉지 없이 욕실에 가는 것이 하찮고 자기중심적이라는 것이죠. 완벽한 건강은 애초부터 하나님의 계획에 들어 있지 않았다고 말하는 사람도 있었습니다. 아무리 내가 독실한 기독교 신자라고 해도, 열여덟 번이나 수술을 받을 만한 죄를 지었다고는 생각되지 않았습니다. 네다섯 번 정도라면 모르지만, 열여덟 번은 아니라고 생각했습니다."

맥브라이드는 사람들에게 그렇게 설명했다. 결국 그는 그 병원의 정신과 의사에게 상담을 받아야 했다. 그는 맥브라이드를 의자에 앉히더니 말했다.

"이제 장밋빛 안경을 벗어야 할 때입니다. 당신은 두 다리로 서 있어야 남자가 될 수 있고, 당신 아버지처럼 전쟁에 나가 싸워야 애국자가 될 수 있다고 생각합니다. 하지만 이제는 내 손을 잡고 당신이 살아갈 남은 시간 동안 삶의 매 순간을 휠체어 위에서 보내야 한다는 사실을 받아들여야 합니다."

의사는 그의 의료 기록을 보여주었다. 차트에 또렷하게 적혀 있었다. "테리 맥브라이드의 문제는 치료할 수 없다. 그는 영구 장애를 가질 것이고, 평생 동안 지속적으로 수술을 받아야 한다."

그러나 맥브라이드는 고집을 부렸다.

"하지만 나는 내 의료 기록이 아닙니다. 나는 내 과거가 아닙니다. 내 안에는 어떤 힘이 있습니다. 나는 영적 우주에서 살고 있기 때문에 영적 법칙이 나를 지금 이 상태에서 해방시켜줄 것입니다."

"치료될 문제였다면, 진작에 치료됐을 것이라고 생각하지 않습니까?"

정신과 의사는 그렇게 물었다. 그래도 맥브라이드는 포기하지 않았다. 그는 11년 동안 서른 번이나 큰 수술을 받았고 배변 주머니를 달고 살았다. 그러는 동안에도 그는 건강하고 완벽한 몸이 그의 영적 운명이라고 거듭 확신했다.

대부분의 사람이 포기하고 말았을 세월을 보낸 후에 그는 마침내 건장한 젊은이의 모습으로 병원 문을 걸어 나왔다. 요즘 그는 전국을 다니며 여행 이야기를 하고 사람들에게 신성한 위대함의 진리를 가르치고 있다. 그는 이렇게 말한다.

"우리는 이미 자유롭습니다. 신의 무한한 힘은 질병에 대한 우리의 잘못된 믿음을 무너뜨리기를, 우리의 선택에 따라 그 믿음을 무너뜨리기를 바랍니다. 우리는 또한 건강과 사랑과 기쁨과 평화에 대한 믿음을 바꿀 수 있습니다. 신과 우리가 하나라는 사실을 내세워, 담대하게 우리의 삶 속으로 발을 들여놓아야 합니다. 우리가 바로 신입니다. 그리고 그것이 바로 우리를 자유롭게 해주는 진리입니다."

방법

*"자아에 한계란 없다.
있다고 믿지만 않는다면 말이다."*
— 제인 로버츠Jane Roberts의 입을 빌려 말하는 영적 존재 세스Seth

우리에겐 에모토 마사루의 현미경도, 조수들도 없으니 초등학교 때 해봤음 직한 실험을 다시 한 번 해보자. 완두콩 씨의 싹을 틔우는 실험이다. 이런 간단한 실험으로도 얼마든지 생각이 물질에 미치는 영향을 확인할 수 있다.

기도에 관한 책을 예닐곱 권 써낸 래리 닷시Larry Dossey 박사는 특정한 의도가 호밀 씨앗에서부터 유방암 환자에 이르기까지 모든 것에 영향을 준다는 사실을 아주 엄밀한 의학적 연구를 통해 상세하게 밝혀냈다. 우리는 초보자니까, 완두콩으로 시작할 것이다.

준비물: 달걀 상자, 화분용 흙, 완두콩 씨앗

방법: 달걀 상자의 열두 개 홈에 흙을 채우고 완두콩 씨앗을 각각 두 개씩 심는다. 상자를 햇빛이 잘 드는 창가에 놓는다. 그리고 이틀에 한 번씩 물을 준다. 이때 다음과 같은 의도를 갖는다. '내면의 에너지로 달걀 상자 왼쪽의 콩들을 오른쪽의 콩들보다 더 빨리 자라게 할 것이다.'

7일 동안 관찰 내용을 적어라. 어떤가? 마지막 날 당신의 의도가 현실에 그대로 반영됐다는 증거를 볼 수 있을 것이다.

과학자들이 '응용근신경학applied kinesiology'이라고 부르는 실험을 해볼 수도 있다. 복잡하고 어려워 보이는 명칭에 미리 겁먹을 필요는 없다. 이 실험은 부정적인 말이나 긍정적인 말을 큰소리로 했을 때 몸이 보이는 반응을 확인할 수 있는 아주 간단한 방법이다. 존 굿하트John Goodheart 박사는 1960년대에 응용근신경학을 개척하면서 몸이 해로운 물질에 노출될 때 갑자기 근육에 힘이 빠지고, 치유 능력이 있는 물체가 가까이 있을 때 근육이 강해진다는 사실을 발견했다. 10년 뒤에 존 다이아몬드John Diamond 박사는 근육이 지적, 정서적 자극에 반응을 보인다는 사실을 밝혀냈다.

먼저 양손의 엄지손가락과 검지손가락을 모아 동그라미를 두 개 만든다. 이제 양손의 동그라미를 고리처럼 낀다. 오른손은 동그라미를 세게 잡아당기고 왼손은 동그라미가 떨어지지 않도록 단단히 힘을 준다. 어느 정도 단단한지 그 느낌을 기억한다. 이제 당신의 이름을 큰소리로 말해보라. "내 이름은 ~다." 동시에 오른손 고리를 세게 잡아당긴다. 거짓말을 하지 않았기 때문에 왼손 고리는 떨어지지 않고 단단히 버틸 것이다.

이제 다시 "내 이름은 줄리아 로버츠다"라고 말하면서 오른손 고리를 잡아당겨보라. 왼손 고리가 맥없이 풀릴 것이다.

참말과 거짓말을 번갈아가며 같은 실험을 여러 번 해보라. 고리가 유지된다는 것은 몸이 긍정적으로 반응했다는 뜻이다. 왼손 고리가 풀어지면 답이 틀렸다는 뜻이다.

이런 오-링 테스트 O-Ring Test 는 몸이 보내는 충고를 파악할 수 있는 효과적인 도구다. 아울러 다음과 같은 진술에 몸이 어떻게 반응하는지 시험해보라.

"나는 커다란 당구공이다."
"나는 다정하고 열정적이며 평화롭고 행복하다."
"나는 내 몸을 미워한다."
"나는 억세고 강하다."

실험 보고서

원칙 슈퍼히어로 원칙

근거 생각과 의식은 물질에 영향을 준다.

질문 의도만으로 물리적 세계에 영향을 줄 수 있는가?

전제 특정 줄의 완두콩에 의도를 집중하면 그것들을 더 빨리 자라게 할 수 있다.

필요한 시간 7일

오늘 날짜 _____

시간 _____

방법 이제부터 한 줄의 완두콩에 내 의도를 집중시킬 것이다. 이들 완두콩에 긍정적인 진동을 보내고, 그것들이 나의 에너지에 영향을 받을 것이라 기대한다.

메모 _____

_____

_____

_____

_____

_____

_____

_____

"몸은 세계관의 생생한 표현일 뿐이다."
- 칼 프레더릭Carl Frederick, 《EstEst Playing the Game: the New Way》 저자

칼로리 원칙:
음식도 말과 생각에 영향받는다

당신이 처한 환경은 당신의 생각과 정서에 반응한다. 이를 직접 확인하기 위해 이번에는 욕실 체중계를 사용할 것이다. 그렇다. 이번 실험은 당신의 몸을 대상으로 하는 과학 실험이다. 크게 걱정할 필요는 없다. 단 사흘이면 충분히 결과를 볼 수 있을 것이다. 게다가 살을 빼는 것과 관련 있으니 반갑지 않은가? 코넬대학의 한 연구에 따르면, 90퍼센트의 사람이 다이어트에 관심이 있다고 하니 말이다. 만약 당신이 살이 찌기를 바라는 얄밉고 운 좋은 사람에 속한다 해도 괜찮다. 건강과 활력 증진을 기대해도 좋을 테니까.

    세상의 모든 것이 그렇지만, 음식에도 에너지가 들어가 있다. 따라서 체중을 줄이겠다며 음식과 맞서 싸우지 않더라도, 음식과 손발을 잘 맞추기만 하면 아무것도 바꾸지 않고도 1~2킬로그램 정도는 쉽게 뺄 수 있다.

이 실험의 전제는 음식이 제공하는 에너지가 당신의 말과 생각에 영향을 받는다는 것이다. 접시에 놓인 음식은 정지 상태의 영양분 덩어리가 아니라 당신의 의도를 낱낱이 엿듣는 역동적인 에너지다. 영양학자들이 그런 의도까지 정확히 측정해 제품 포장에 표시할 수는 없다. 돼지고기와 콩을 버무린 통조림이나 파스타 한 봉지가 당신의 건강에 어떤 영향을 주는지 정확히 평가하고 싶다면 그런 수치까지 모두 계산해야 한다. 음식을 먹으면 칼슘, 비타민 D와 함께 당신이 갖고 있는 생각의 에너지까지 모두 섭취된다.

이와 관련, 톰 새디악Tom Shadyac이 만든 다큐멘터리 〈아이 앰I Am〉을 한 번 보기를 권한다. 영화 자체도 대단하지만 이번 실험과 관련된 부분이 특히 흥미롭다. 영화에는 유명한 할리우드 감독인 새디악이 스트레스와 인간 에너지의 관계를 중점적으로 다루는 비영리 연구기관인 하트매스연구소Institute of HeartMath를 찾아가는 장면이 있다. 영화에서 이 연구소의 선임연구원 롤린 맥크래티Rollin McCraty는 그릇에 담긴 요구르트에 전극을 연결한다.

요구르트는 비활성액체로 알려져 있지만, 맥크래티는 요구르트가 새디악의 생각과 정서에 어떻게 반응하는지 전극 실험으로 보여준다. 맥크래티가 새디악에게 그의 결혼 생활에 대해 묻자, 요구르트에 연결된 생체반응 측정기의 바늘이 요동을 치다가 심하게 흔들렸다. 새디악의 변호사 이야기를 꺼냈을 때는 바늘이 눈금의 한계를 아예 벗어나버렸다. 변호사와 아직 해결하지 못한 골치 아픈 문제가 있었기 때문이다. 요구르트는 새디악과 전혀 연결되어 있지 않았지만, 그의 정서를 읽고 반응했다. 새디악의 관심을 현재 상태로 되돌리자 바늘은 제자리로 돌아갔다.

"왜 이런 현상이 나타나는지 정확히 알 순 없습니다. 그러나 이 현상은 인간의 정서가 다른 생물 체계에 동조되어 매우 실질적인 에너지 장을 만들어낸다는 사실을 보여주는 확실한 증거입니다."

맥크래티는 이렇게 설명했다.

식물도 생각을 읽는다

"이제 우리는 확실히 입증할 수 있는
객관적인 영성학을 갖게 되었다."
– 아밋 고스와미|Amit Goswami, 이론물리학자

이 문제를 좀 더 자세히 살펴보자. 당신은 다음과 같은 생각을 몇 번이나 해봤는가?

"살을 빼기가 정말 어렵군."
"초콜릿 케이크는 보기만 해도 살이 쪄."
"나는 신진대사가 원활하지 않아."

이런 생각은 기분을 망칠 뿐만 아니라, 몸과 몸에 들어가는 음식에도

상당히 좋지 않은 영향을 미친다.

1960년대에 전 CIA 요원인 클리브 백스터는 식물이 인간의 생각을 알아차린다고 주장해서 유명해졌다. 1966년 CIA에서 은퇴한 백스터는 지금도 여전히 세계에서 가장 큰 거짓말 탐지 기관으로 알려져 있는 연구소를 차렸다.

어느 날 밤, 뉴욕 사무소에 앉아 있던 그는 문득 화분에 거짓말 탐지기를 연결해보면 어떨까 하는 생각이 들었다. 무료하다 보니 떠오른 생각이었다. 그는 비서가 장식용으로 가져온 드라세나 화분에 물리적인 위해를 가해봤다. 잎을 뜨거운 커피에 담그기도 하고, 성냥으로 지지기도 했다. 드라세나는 그런 행위에 반응했을 뿐 아니라 그의 생각과 의도에도 반응을 보였다. 너무 놀라 "거리로 뛰쳐나가 큰소리로 외치고" 싶은 기분이었다고 그는 회상했다.

"식물이 생각을 한다!"

하지만 그는 야단법석을 피우는 대신 식물이 그의 생각에 어떤 반응을 보이는지 정확히 알아내기 위해 좀 더 철저히 연구하기 시작했다.

백스터는 정교한 기록 장비를 활용해 모든 종류의 식물이 인간의 생각과 정서에 반응한다는 사실을 과학적으로 입증해냈다. 그는 인간이 매일 먹는 식물을 가지고 수십 가지 실험을 했다. 그는 식물이 인간의 귀로는 들을 수 없는 소리와 인간의 눈으로는 볼 수 없는 적외선과 자외선의 파장에도 반응한다는 사실을 알아냈다.

1943년에 사망한 빈의 생물학자 라울 프랑스Raoul France는 이런 정교한 기구가 나오기 전에 이미 식물이 사건이나 현상을 관찰하고 기록한다고 주장했다. 그는 인간이 인간 중심적인 세계관에 갇혀 그런 사실을 모르고 있을 뿐이라고 설명했다.

그런데 과연 이런 사실이 욕실의 체중계와 무슨 관련이 있을까? 식물은 우리가 소비하는 음식 재료의 대부분을 차지한다. 가공하고 두드리고 잘게 썬 탓에 알아볼 수 없어서 그렇지, 음식은 음식이기 전에 살아 있고 감각을 가진 식물이었다. 동물이 원료인 음식도 많지만, 동물 역시 식물에서 에너지를 얻는다. 그러니 우리의 생명을 유지하는 데 필요한 거의 모든 음식과 음료와 술과 약은 식물에서 비롯되었다고 해도 과언이 아니다. 그리고 백스터를 비롯해 그 이후의 많은 과학자가 증명한 대로 그 식물은 당신의 생각을 읽을 수 있다.

이제 무슨 말인지 이해되는가?

당신 자신이나 당신의 몸이나 당신의 음식에 대해 당신이 생각하고 말하는 것에 따라 당신의 건강이 달라진다. 종교적 열정으로 칼로리와 지방 수치를 계산하는 것으로는 당신과 당신이 이상적으로 생각하는 몸무게 사이에 가로놓인 커다란 장애물을 걷어낼 수 없다.

음식 투쟁

"날씬한 몸매에 집착할수록
날씬해지기는 더욱 어렵다."
– 어거스텐 버로스

다이어트는 몸에 해롭다. 다이어트는 사람을 편집광이나 신경쇠약 환자로 만들고 오히려 살이 찌게 한다. 다이어트가 효과 없다는 사실을 이해하는 데 천재적인 두뇌가 필요한 것도 아니다. 다이어트로 몸매가 망가지는 것이 분명한데도, 우리는 왜 다이어트라는 이름으로 몸을 괴롭히며 먹는 즐거움을 포기하는가? 어느 날 출근했는데 사장이 이렇게 말한다.

"미안하네만, 앞으로 자네에게 월급을 주지 않기로 했네."

그런데도 당신은 혹시나 사장의 마음이 바뀌어 언젠가는 월급을 주겠지 하며 몇 달이고 직장을 계속 나가겠는가? 단어의 스펠링만 봐도 알 수 있지 않은가? '죽는다^{die}'는 말이 들어간 단어를 왜 그렇게 하지 못해 안달인가?

현대인의 생활과 음식의 관계는 아주 복잡하다. 한 해에 600억 달러에 이르는 다이어트 산업 규모를 봐도 알 수 있는 일이다. 우리는 생명과 행복과 영양분을 주는 음식을 즐기지 못하고, 두려워한다. 나아가 음식을 경멸하고, 거울에 비친 자신의 모습을 보며 음식을 탓한다. 이런 애증 관계를 어떻게 설명해야 할까? 부정적인 에너지를 발산하며 살을 빼기 '원하는 데' 시간을 허비하는 한, '살을 빼기 원하는 상태'에서 벗어나기는 더욱 어렵다.

부정적인 사고방식은 비생산적이다. 그런 생각으로는 당신이 현재 의지하고 있는 몸을 변화시키기가 어렵다. 몸은 그 사람이 가진 신념 체계의 바로미터라고 할 수 있다. 당신의 세포는 당신이 말하고 생각하는 모든 것을 엿들으며, 처진 팔 근육이니 허리에 붙은 손잡이니 하며 당신의 몸을 깔보거나 한숨 쉴 때마다 그런 말들을 근육과 신체의 섬유 조직에 새겨놓는다.

의아하게 들릴지 모르지만, 당신은 건강하다. 깨어 있는 시간의 대부분을 부분 비만으로 찌든 추한 몸을 걱정하며 보내는 사람들에게는 어이없는 말처럼 들리겠지만, 당신의 일반적인 몸 상태는 건강하다. 정상적인 몸은 아무런 재촉을 하지 않아도 스스로 치유하고 조절할 수 있다. 그러나 음식을 먹을 때마다 지나치게 칼로리를 따지고 노심초사하면, 당신은 당신 몸이 변하지 못하게 막고 만다.

위력적인 플라세보

"몸은 걸어다니는 결정체다.
우리는 전자기적 에너지를 저장한다.
우리는 전자기적 에너지를 전송하고 받고 저장할 수 있다."
– 노먼 셰일리Norman Shealy, 전인의학자이자 신경외과 의사

유명한 요가 강사인 앨런 핑거Alan Finger는 10대 때 한 달에 45킬로그램을 뺀 적이 있다고 한다. 놀랍지 않은가?

그의 아버지 마니 핑거Mani Finger는 인도에서 수련한 후, 요가 호흡법을 배워 과체중인 아들에게 전수했다. 에너지를 움직이는 호흡 훈련을 시작한 지 한 달이 채 못 되어 앨런은 몸무게를 45킬로그램이나 줄였다.

당신이 무슨 생각을 하는지 짐작할 수 있다.

'말도 안 돼. 있을 수 없는 일이야.'

그런 생각부터 버려야 한다. 그런 부정적인 생각, 무한한 가능성을 비웃는 생각이 바로 당신을 가로막는 생각이다. 에너지를 바꾸려면 생각부터 바꿔야 한다. '불가능'이라는 단어를 당신의 사전에서 없애야 한다.

30년째 몸무게와 싸워온 친구가 있었다. 운동이나 식사 조절 등 안 해본 것 없이 다 해본 친구였다. 그런데 아무것도 소용없었다. 그녀는 결국 EFT^{Emotional Freedom Technique} 전문가를 찾아갔다. 몸의 경혈을 자극하는 아주 단순한 방법으로 몸무게와의 싸움에서 이길 수 있다는 말이 믿기지 않았지만, 그녀는 무척이나 절박했다. 그런데 갇혀 있던 에너지를 풀어낸 지 한 달이 채 안 되어 끈질기게 붙어 있던 살이 떨어져나가기 시작했다. 그녀는 정상적인 몸무게를 되찾았고, 지금도 멋진 몸매를 유지하고 있다.

앨런 핑거가 한 달 사이에 45킬로그램을 뺀 이야기는 그가 동료 요가 강사인 카트리나 렙카^{Katrina Repka}와 함께 쓴 《숨 돌릴 여유^{Breathing Space}》에 자세히 나와 있다. 속는 셈치고 한번 믿어보라. 손해 볼 일은 아니지 않은가?

브루스 립턴^{Bruce Lipton}이 쓴 《당신의 주인은 DNA가 아니다^{The Biology of Belief}》도 한번 읽어보기 바란다. 립턴은 스탠퍼드대학에서 강연했던 명망 높은 세포생물학자다. 립턴은 우리가 어떤 믿음을 가졌든 간에, 우리의 몸은 DNA보다 생각과 에너지에 더 많은 영향을 받는다는 사실을 밝혀냈다.

립턴은 무릎에 문제가 있는 환자들을 실험의 대상으로 삼았다. 첫 번째 집단은 실제로 복잡한 무릎 수술을 받은 환자들이었고, 두 번째 집단은 수술을 받았다고 믿는 환자들이었다. 두 번째 집단의 환자들은 무릎 부위를 절개하고 상태를 확인했을 뿐 아무런 조치도 취하지 않았다. 그러나 두 집단 모두 상태가 호전됐다. 양쪽 모두 걸을 수 있게 된 것은 물론이고, 심지어 격렬한 운동인 농구까지 할 수 있게 되었다. 무릎을 다치기 전처럼 무엇이든 할 수 있게 된 것이다.

위력적인 플래세보僞藥 효과다. 부정적인 생각을 버리면 날씬하고 멋진 몸매를 가질 수 있다는 것도 이런 이유에서다. 안내자 원칙 실험에서 입증한 것처럼 삶의 어느 부분이든 초점을 맞추면, 그 부분이 확장된다. 뚱뚱한 몸매에 초점을 맞춰 다이어트가 필요하다고 생각하면, 그 현실은 당신 생활에서 확장될 것이다.

방법

"인생은 그 자체로 훌륭한 향연이다."
― 줄리아 차일드Julia Child, 요리사이자 방송인

이 실험으로 인해 당신은 음식에 대해 가졌던 좋지 않은 감정을 버리게 될 것이다. 당신은 몸으로 들어가는 음식 하나하나를 가장 친한 친구나

큰 도움을 주는 지인으로 생각하게 될 것이다.

에너지 전문가인 토머스 해나Thomas Hanna는 우리가 어떤 사람의 몸을 볼 때 실제로 보는 것은 몸이 아니라 그 사람의 마음의 움직임이라고 말한다. 군살이 붙게 만드는 것은 거부하기 힘든 바나나 크림 파이가 아니라 우리 자신에 관한 우리의 믿음인 것이다.

그래서 이런 실험을 처음 하는 사람들은 몸에 관한 부정적인 말을 삼가야 한다. 그것이 쉬운 일이 아니라는 것을 곧 알게 될 것이다. 비난하는 말이 나올 때마다 말을 바꾸어보라. 큰소리로 하기 어렵다면 조용히 혼잣말이라도 해보라. 가장 친한 친구에게 전화가 걸려왔는데, 생각 없이 불쑥 이런 말이 나온다.

"나 어제 영화 보면서 버터 팝콘 한 봉지를 다 먹었어. 아마 3킬로그램은 쪘을 거야."

그러면 이런 식으로 그 말을 취소하라.

"안토니오 반데라스Antonio Banderas가 셔츠를 벗었을 때 반 봉지 쏟았어. 사실 좀 더 날씬해진 것 같아."

겸손할 필요 없다. 당신이 멋지다는 사실을 인정하면 그만이다!

음식에는 강력한 부적이 가득 들어 있다. 따라서 먹는 것은 철저히 긍정적인 경험이 되어야 한다. 그런 생각을 하지 못하기 때문에 이런 실험이 어려운 과제가 되는 것이다.

음식을 볼 때마다 죄의식을 가지는 버릇이 너무 깊이 박혀 있는 사람에게는 이런 실험이 부자연스럽게 느껴질 수도 있다. 그래서 연습이 필요하다. 예전의 버릇이 되살아나 소비해야 할 칼로리와 지방이 궁금해 진다면, 실험을 처음부터 다시 해야 할지도 모른다. 다른 실험은 보통 48시간이면 결과를 볼 수 있지만, 이 실험은 72시간이나 할애해야 결과를 볼 수 있는 것도 바로 그 때문이다.

우리가 이 실험으로 입증하려는 것은 생각과 에너지가 주변의 세계와 지속적으로 춤을 추고 있다는 사실이다.

식사 전에 기도를 하는가? 우리 가족은 늘 그랬다. 외식할 때도 기도를 하는 바람에 중고등학생 때는 조금 난감하기도 했다. 지금은 그런 기도가 긍정적인 에너지와 좋은 생각을 음식에 넣어준다는 사실을 알지만, 당시에 그런 사실을 알아서 기도한 것은 아니었다. 하긴 우리 가족 중 체중 문제를 대수롭게 생각하는 사람은 한 명도 없긴 했지만 말이다.

음식에 긍정적인 기운을 불어넣고 기분 좋게 식사를 하게 되면, 음식은 내 몸으로 들어가 원하는 방식으로 작용하게 된다. 평소 살을 빼고 싶었던 사람에게는 앨런 핑거 정도의 기적은 아니더라도 눈에 띄는 효과가 나타날 것이다. 먹는 만큼 영양이 살로 가지 않는다고 불평해온 사람에게도 효과는 공평하게 나타날 것이다. 더 건강해지고 싶은 사람에게도 마찬가지다.

하지만 이 실험을 할 때에도 유의해야 할 사항이 있다. 다음과 같은 것들이다.

1. 몸을 나무라는 말을 하지 마라. 가능하면 부정적인 말을 아예 삼가라.
2. 음식을 먹기 전에 음식에 사랑의 감정을 보내고 음식 위에 손을 얹고 축복을 빌어라.
3. 음식에 사랑과 즐거움과 평화가 스며들도록 늘 관심을 기울여라.

이것이 전부다. 실험을 시작하는 날 몸무게를 재고, 사흘 후에 다시 재보라.

실험 보고서

원칙 칼로리 원칙

근거 생각과 의식이 물리적 몸을 만드는 발판을 제공한다.

질문 생각이 환경에 영향을 미치는가? 특히 내가 먹는 음식에 영향을 미치는가?

전제 생각과 의식이 환경과 지속적으로 춤을 춘다면, 내가 먹는 음식은 내 생각의 영향을 받을 것이다. 음식에 관한 생각과 말을 바꿈으로써, 나는 더 건강해질 것이고 적어도 실험 기간 동안 5킬로그램은 빠질 것이다.

필요한 시간 72시간

오늘 날짜 _____

아침에 일어나자마자 잰 몸무게 _____

사흘 뒤 아침에 일어나자마자 잰 몸무게 _____

방법: 먹는 음식은 한 가지도 바꾸지 마라. 이 실험 기간 중에는 먹는 것을 전혀 문제 삼지 않는다. 그러나 한쪽만 살짝 익힌 달걀이든 직장 동료의 생일 축하 케이크 조각이든, 앞으로 사흘 동안 무얼 먹기 전에는 늘 의식적으로 음식에 긍정적이고 사랑스러운 생각을 보내라. 음식이 내게 자양분을 준다는 데 감사하고, 그 음식을 먹고 몸이 더 좋아진다고 기대하라.

메모 _____

_____

_____

_____

_____

_____

"우리가 있어 내가 있다."
— '우분투Ubuntu'로 알려진 남아프리카 철학 사상

101마리 달마시안 원칙:
당신은 우주의 모든 사람이나 사물과 연결되어 있다

이 실험에서는 지식과 에너지의 보이지 않는 장을 통해 모든 사람, 모든 사물이 당신과 연결되어 있다는 사실을 증명할 것이다. 양자역학에서는 이런 연결성을 비국소성이라 부른다.

비국소성은 양자역학의 특징을 보여주는 용어이지만, 이 개념은 사촌 개념인 '얽힘entanglemen'과 함께 지난 300년 동안 뉴턴을 비롯해 많은 사람이 머리를 긁적이게끔 만들었다. 뉴턴은 이런 개념을 '원격 작용'이라며 터무니없는 발상으로 여겼다(하지만 따지고 보면 그의 중력 이론도 일종의 그런 현상이다). 간단히 말해 비국소성은 두 입자가 아무런 중재 없이 동시에 행동하는 것을 말한다.

논리적으로는 쉽게 납득하기 어려운 이론이다. 가령 마루 한복판에 내팽개쳐진 신발 한 짝을 치우려면, 그 신발을 건드리거나, 그 신발을 건드릴 빗자루를 건드리거나, 아니면 그것을 거기에 놓은 다섯 살짜리 아이의 귀에 공기를 진동시켜 그것을 집어들도록 해야 한다. 사물은 직접적으로 근접한 물건에만 영향을 미칠 수 있다. 연속적인 사건의 사슬이 있어야 한다. 우리는 우리가 건드릴 수 있는 것만 바꿀 수 있다고 믿는다.

정말 그런 것일까? 그렇지 않다. 하나의 대상이 인접하지 않은 두 번째 대상에 영향을 준다는 사실을 보여주는 보다 정확한 모델이 있다. 물리학자들은 하나의 원자가 다른 원자와 가까이 있으면 아무리 멀리 날아가더라도 그 원자에 영향을 받는다(또는 얽힌다)는 사실을 여러 차례 반복해서 입증해냈다. 그런데도 우리는 여전히 '사건의 사슬'이라는 낡은 세계관을 버리지 않는다. 아인슈타인조차도 이런 반직관적인 개념을 선뜻 받아들이지 못했다. 더욱 희한한 수수께끼는 일단 한 번 영향을 주고받은 원자들은 영원히 얽힌다는 사실이다.

비국소성과 얽힘은 인간처럼 커다란 대상에도 그대로 적용된다. 1978년에 멕시코국립자치대학의 하코보 그린버그-질버바움 Jacobo Grinberg-Zylberbaum 박사는 두 피실험자를 격리된 방에 떼어놓고 그들에게 뇌파 전위 기록장치를 연결했다. 그런 다음 한 피실험자의 눈에 스트로보 라이트를 터뜨리자 섬광이 만들어낸 뇌파가 다른 피실험자의 뇌파 기록 장치에도 똑같이 나타났다. 물론 두 번째 사람은 섬광을 전혀 볼 수 없는 상태였다.

뉴턴식 사고 체계를 가진 우리의 두뇌로는 이런 비국소성을 이해하기가 쉽지 않지만, 그래도 이는 잘만 이용하면 여러모로 쓸모가 있다.

컴퓨터가 인터넷을 통해 무한한 양의 정보와 연결되듯, 인간은 세계의 모든 사람과 하나로 연결되어 있기 때문이다.

다른 지역에 사는 사람과 소통하고 싶을 때, 나는 우리 집 앞마당에 있는 커다란 떡갈나무에 대고 하고 싶은 말을 속삭인다. 〈101마리 달마시안〉처럼 나무들은 서로 연결되어 있어서 비국소성의 원리에 따라 그 떡갈나무는 힘들이지 않고 캘리포니아에 있는 내 친구의 집 마당에 있는 종려나무에게 메시지를 보낸다.

이 실험에서 당신은 비국소성을 이용해 멀리 떨어져 있는 사람에게 메시지를 보낼 것이다. 한 번 본 적도, 말을 걸어본 적도 없는 사람에게 말이다.

동시적 느낌

"중요한 것은 사랑이고,
우리 모두가 연결되어 있다는 사실이다."
– 마크 월버그Mark Wahlberg, 영화배우

중학교를 다니던 내 딸은 한동안 무슨 질문을 하든 222로 대답하곤 했다. 누가 지금 몇 시냐고 물으면 2시 22분이라고 했다. 5시 43분일 때도 말이다. 구내식당에서 우유가 얼마냐고 물으면, 2달러 22센트라고 말했다. 딸아이의 대답이 재미있다고 생각한 친구들은 매일 오후 정확히 2시 22분에 딸아이에게 전화를 걸었다. 그 아이는 심지어 페이스북에 '대단한 222'이라는 팬페이지를 열었다. 말했지만, 딸아이는 중학생이었다. 그해 여름 우리는 두 번의 여행을 했다. 아무런 계획 없이 떠났지만, 호텔에 방을 잡고 보니 두 번 다 222호실이었다. 한 번은 시애틀에서였고, 또 한 번은 영국 런던의 BBC 본사 맞은편에 위치한 랭엄 호텔에서였다.

심리학자 칼 융은 이 같은 사건을 '동시성synchronicity'이라고 불렀다. 동시성이란 '의미는 있지만 인과관계로 연결되지 않은 두 사건의 동시적 발생'을 지칭하는 용어다. 어떤 사람들은 이런 우연의 일치를 사건 생성기가 무작위적으로 뱉어낸 재미있는 변칙이라고 보면서, A 항목과 B 항목을 선으로 잇는 문제처럼 두 사건은 맞아떨어질 수밖에 없다고 주장한다.

이 실험에서, 당신은 동시발생적 사건이 평균의 법칙이나 명백한 기만의 결과가 아니라 비국소성과 얽힘의 필연적인 산물이라는 사실을 알게 될 것이다.

로버트 앤턴 윌슨Robert Anton Wilson은 《프로메테우스의 부활Prometheus Rising》에서 이렇게 지적했다.

"이런 문제를 관조하다 보면, 보통 융의 동시성을 야기한다. 이 장을 읽은 후 얼마나 오랫동안 놀라운 우연의 일치를 만나게 되는지 확인해 보라."

재미있는 이야기가 있으면 부디 내 홈페이지 'www.pamgrout.com'에 사연을 보내주기 바란다.

윌슨도 자주 지적했지만, 우주는 인간의 지배를 받아 움직이는 구조물이 아니다. 사실 윌슨이 설명하는 비국소성은 1960년대에 이론물리학자 존 S. 벨John S. Bell이 제시한 이론이다. 세계가 비국소적 양자의 성질을 가지고 있다는 것을 입증한 결정적 실험을 하게 만든 이론은 유명한 존 S. 벨의 정리였다. 벨의 정리는 꽤나 전문적이지만 간단히 요약하면 이런 내용이다.

"고립된 체계는 없다. 우주의 모든 입자는 모든 다른 입자와 '동시적 빛보다 빠른' 소통 관계에 있다. 전 체계는 우주적 거리로 떨어져 있는 부분이라도 통일적 체계로 기능한다."

이 실험을 하고 나면 사람들이 보통 "와! 희한한 우연의 일치군!"이라며 어깨를 으쓱거리는 동시성이 사실은 모든 것의 상호연결성을 보여주는 증거에 지나지 않는다는 것을 알게 될 것이다.

사랑으로 보이지 않는 것은 죄다 연기煙氣고 거울이다

"우리는 이런 증거를 내키는 대로 썰고 토막 낼 수 있지만, 그렇다고 그것을 외면할 수는 없다."
– 래리 닷시

1972년 미국과학진흥협회 연례회의에서 에드워드 로렌츠Edward Lorenz라는 기상학자가 '나비 효과'라는 새로운 용어를 내놓았다. 브라질의 나비 한 마리가 날갯짓하는 것 같은 대수롭지 않은 움직임이 텍사스에서 허리케인을 일으킬 수도 있다는 내용이었다. 물론 관찰로 얻은 결과였다. 이로써 알아차리기 힘들 정도로 사소한 사건이 크고 중요한 결과를 낳을 수 있다는 사실이 밝혀졌다.

그렇다면 나비 효과를 이용해 사랑을 얻을 수도 있을 것이다. 나비 효과를 이용해 세상을 밝힐 수도 있을 것이다. 누군가에 대해 좋은 생각을 하면, 그 생각은 그 사람의 에너지에 좋은 방향으로 기여한다. 반대로 누구를 비판하면, 그런 말을 입 밖으로 꺼내지 않더라도 상대방의 에너지에 영향을 미쳐 비판한 사람과의 상호관계가 경색된다. 사랑과 평화와 축복과 그 밖의 고주파 감정을 주변 사람들에게 비추면 말 그대로 세상을 더 좋게 만들 수 있다.

《기적 수업》에서 말한 것처럼 "당신은 다른 곳에 있는 형제들이 갖는 다정한 생각으로 축복받고 있다." 이 사실을 기억하자.

미군사학교Military School of America 정문에서 1인 시위를 하던 사람의 이야기가 있다. 그는 미국의 군사 정책과 국가 폭력 행위에 반대하는 침묵 시위를 벌이고 있었다. 누군가가 그에게 물었다.

"그 작은 촛불 하나로 이 나라 정부를 바꿀 수 있다고 생각하십니까? 이 정부는 몇십 년째 늘 해오던 대로 하고 있지 않습니까?"

그는 대답했다.

"그들을 바꾸는 것은 내 관심사가 아닙니다. 내 나라가 '나'를 바꾸지 못하게 하고 싶을 뿐입니다."

다른 사람들에 대한 당신의 생각이 '당신'을 바꾼다. '우리'와 '그들'

이 대립하는 이런 세상에서 에너지 원리가 일러주는 대로 우리가 정말로 하나가 될 수 있을까?

결론부터 말하면, 그렇다. 우리는 이 점에서 모두 하나다. 어떤 사람을 좋지 않게 생각하거나 비판하는 것은, 결국 우리 자신을 괴롭히는 일이다. 일종의 자해행위인 셈이다.

우리는 서로 많이 다르다고 생각하지만 차이라고 해봐야 사실 표피적이고 무의미한 수준에 불과하다. 그리고 이제 그런 차별조차 버려야 한다.

누구를 만나든 만남은 대단하고 소중하다. 상대방을 보는 것은 결국 자신을 보는 것이다. 상대방을 대하는 것은 자신을 대하는 것이다. 상대방에 대한 생각은 자신에 대한 생각이다. 상대방을 좋게 생각하기만 해도 그 사람과의 관계를 바꿀 수 있다.

인간관계를 바꾸다

"우리가 꿀벌이든 잣나무든 코요테든 인간이든 별이든,
우리가 원하는 것은 있는 그대로의 모습대로 사랑하고
사랑받고 인정받고 소중히 여겨지고 축하받는 것뿐이다.
그것이 그렇게 어려운 일일까?"
– 데릭 젠슨 Derrick Jensen, 작가이자 환경운동가

진짜 이름은 아니지만 내가 진저 Ginger 라고 부르는 친구는 몇 해째 엄마와 불편한 관계였다. 어느 날부터 그녀는 매일 밤 잠자리에 들기 전에

엄마를 위해 기도하기로 결심했다. 물론 그녀의 엄마는 그런 사실을 전혀 알지 못했다. 지금까지 6개월가량 진저는 매일 저녁 몇 분 시간을 내서 엄마가 원하는 것을 모두 가지게 되어 행복해하는 모습을 상상해오고 있다.

"엄마와의 관계가 바뀌었어. 솔직히 어떻게 그렇게 됐는지 잘 모르겠어. 하지만 우리 사이가 너무 좋아져서 어리둥절할 정도야."

진저는 그렇게 말했다.

가능성을 믿어라

"자신을 더 높이 탐험하라. 자신의 내부에서
전혀 새로운 대륙을 발견하는 콜럼버스가 되어
새로운 해협을 열어라. 무역의 해협이 아니라 생각의 해협을."
— 헨리 데이비드 소로 Henry David Thoreau, 철학자

베스트셀러 저자인 마사 베크 Martha Beck 는 우리와 마찬가지로 친절하고, 사람을 잘 믿지만 딱히 무엇에 열중하는 법이 없는 평범한 사람이었다. 그녀는 하버드 출신의 학자로 어떤 종류든 사실을 근거로 결론을 내려야 하는 사회학도였다. 그리고 그녀가 도달한 결론은 대부분의 사람이 지구라는 별에서 도달하는 결론과 마찬가지로, 사람들에게는 아무런 문제가 없지만 그렇다고 그들과 너무 깊이 얽혀서도 안 된다는 사실이었다. 하버드에서 두 번째 졸업장을 받으려 하는 사람에게는 특히 그랬

다. 적어도 공부하는 동안에는 사람들과 거리를 두는 것이 상책이라고 그녀는 생각했다.

그녀는 자신의 저서 《아담을 기다리며 Expecting Adam》에서 다음과 같이 말했다.

"우리는 엘리자베스 여왕처럼 곳곳을 다니며 보잘것없는 작은 장신구를 부여잡고, 사람들에게 진심으로 축복을 빌어주고, 조금이라도 부적절한 행동은 피하고, 진짜 감정은 드러내지 않으며, 가죽 장갑을 낀 손이 아니면 아무도 건드리지 않는다."

그러나 인생은 마사 베크의 뒤통수를 쳤다. 인생은 그녀에게 다운증후군(아담)을 가진 아들을 주었다. 아담을 통해 그녀는 그동안 좀 안다고 생각했던 세상의 모든 것이 사실은 커다란 속임수에 불과하다는 사실을 깨달았다.

다른 사람을 믿는 부분이 특히 그랬다. 그녀가 아담을 임신했을 때, 역시 하버드 대학원생이던 남편은 아시아로 자주 여행을 떠났고, 그녀는 홀로 남아 벅찬 공부와 두 살 난 아이와 반가울 것이 전혀 없는 임신과 씨름해야 했다. 게다가 뜻밖의 화재 사건과 유산 가능성과 끊임없는 임신 부작용이 그녀를 수렁으로 몰아넣었다. 그녀는 말했다.

"마치 내 위에 자갈 무더기가 쏟아진 것 같은 기분이었다."

그런데 그녀가 나쁜 생각을 할 때마다 천사(하늘에서 내려오는 천사가 아니다)나 잘 모르는 사람이 먹을 것이나 도움이 될 만한 것들을 들고 나타나 그녀를 위로해주었다. 마사는 초자연적인 존재를 철저히 부인했었다. 그녀는 오래전 신에 대한 생각을 머릿속에서 지웠고 "사실이라고 입증될 때까지는 어떤 것도 믿기를 거부하는 오랜 경험론적 논리"를 따르도록 교육을 받았다.

그러던 어느 날 마사의 집에 화재가 나고 말았다. 그녀가 연기를 마시고 불길에 싸여 의식을 잃어가던 순간, 잘 모르는 한 여자가 그녀의 집 계단 앞에 먹을 것을 잔뜩 들고 나타났다. 마사와 그녀의 딸은 보이지 않은 어떤 힘에 이끌려 연기가 자욱한 아파트 밖으로 간신히 빠져나왔고, 얼마 지나지 않아 집은 모조리 타버렸다.

한편 그녀의 남편은 홍콩에 있었고 그녀는 보스턴에 있었는데도, 그들은 서로 마주 보며 얘기를 나눌 수 있었다. 전화로 통화를 했다는 이야기가 아니다.

그녀는 마침내 깨달았다.

"이렇게 불쾌하고 불안한 일투성이인 행성에서 헤아릴 수 없이 수많은 난관을 겪으며 하는 일마다 꼬이는 지독한 상황에서도, 보살펴주는 손길은 늘 차고 넘친다. 언제 어디서나 그 손길을 발견할 수 있다. 어디를 봐야 할지 알 만큼 똑똑하기만 하다면."

그다지 똑똑하지 않아도 그런 손길은 나타나게 마련이다. 특히 절실히 필요한 상황에서는. 마사는 말했다.

"의식과 마음으로, 사실이라고 알고 있는 것을 가로막는 모든 거짓말, 모든 슬픔, 모든 공포, 모든 오해를 던져버려야 한다. 나는 면도날처럼 좁고 강하고 차가운 일련의 확실한 사실을 버리고, 거친 가능성의 혼돈으로 내 현실을 확장했다."

방법

"지금은 양자이론의 역설처럼 보이는 것도
우리 자식의 자식들에게는 상식으로 받아들여질 것이다."
– 스티븐 호킹Stephen Hawking, 이론물리학자

이 실험에서 당신은 비국소성이라는 개념을 이용해 당신이 알고 있는 어떤 사람에게 메시지를 보낼 것이다. 《성공을 부르는 직관의 테크닉 Practical Intuition》의 저자 로라 데이Laura Day의 말에 따르면 이메일을 보내는 것만큼이나 쉬운 일이다.

  이 실험은 안락의자를 떠나지 않아도 될 정도로 쉽게 할 수 있다. 사람들과의 상호관계는 대부분 비물리적 영역에서 일어난다. 이 모든 생각을 당신만 남모르게 간직하고 있다고 생각하는가? 그런 생각은 사적이기 어렵다. 우리는 모두 연결되어 있기 때문에 차라리 마이크에 대고 큰소리로 말하는 것이 낫다. 감지하기 어렵지만, 그 메시지는 어떤 식으로든 모든 사람이 받고 있다.

  우리는 모두 이런 거대한 데이터뱅크와 연결되어 끊임없이 우리의 영향권 안에 있는 모든 사람과 에너지를 주고받고 있다. 또한 그만큼 긴밀하지는 않지만, 어떤 식으로든 지구상에 있는 모든 다른 존재와도 에너지를 교환한다.

병원에 갈 필요도 없다. 마음속의 대화를 바꾸기만 해도 불필요한 지출을 줄일 수 있다. 그러나 무엇을 요구할지는 신중하게 결정해야 한다. 애정관계훈련Loving Relationship Training의 공동설립자이자 나의 스승인 샌드라 레이Sandra Ray는 보이지 않는 에너지 데이터뱅크로 의사소통했던 이야기를 해주었다.

어느 날 그녀는 또 다른 내 스승인 레너드 오어Leonard Orr를 찾아갔다. 자신에게 차 사고가 끊이지 않는 이유를 알고 싶어서였다. 레너드는 그녀에게 긍정문의 형태로 다른 의도를 가져보라고 일러주었다. 그녀는 코웃음을 쳤다.

"그러니까 마음만 먹으면 남자들이 내게 전화를 걸게 할 수 있다는 말인가요?"

"그렇다니까요. 한번 해보세요."

그녀는 가능성의 장에 그런 의도를 보내기 시작했다.

'나에게는 지금 남자들의 전화가 쇄도하고 있다.'

나흘이 지나기 전에 그녀의 옛 연인들 중 혼자인 사람들 모두가 그녀에게 전화를 걸어왔다. 그들 중에는 몇 달, 몇 해 동안 연락이 끊겼던 사람도 있었다.

"믿어지지 않겠지만, 그날 밤에 전화를 몇 통 받았어요. 모르는 남자가 잘못 건 전화도 있었죠."

그녀는 그렇게 말하며 웃었다. 말할 필요도 없이 그녀는 그 의도를 좀 더 구체적으로 바꿨다.

여기 그 단계가 있다.

1. 타깃을 정하라
메시지는 누구에게나 보낼 수 있지만, 가능하면 이미 만났던 사람을 고르는 편이 낫다. 캘리포니아대학 산타크루즈 캠퍼스의 물리학 교수인 브루스 로젠블룸Bruce Rosenblum은 누군가와 한 번이라도 만나 악수를 하면 그 사람과 영원히 얽히게 된다고 말했다.

2. 어떤 종류의 행동과 반응을 원하는지 정하라
구체적일수록 좋다. 용건을 분명히 하라. 최근의 내 경험을 말하자면, 나는 파트너 짐에게 다음과 같은 메시지를 보냈다.
"올 때 식빵 하나 사다 줘요."

3. 타깃을 마음의 눈앞에 놓아라
역시 구체적이어야 한다. 정확한 대상은 기본이고, 그가 무슨 행동을 하고 있는지도 그려보라.

4. 연결을 구체화하고 경험함으로써 타깃과 함께하라
말은 메시지를 전달하는 데 그다지 효과적인 수단이 못 된다. 모든 감각을 동원하라. 그리고 당신의 메시지를 믿어라.

이를 좀 더 효과적이고 재미있게 하려면, 타깃에 대해 좋은 생각을 쏟아붓는 것이 좋다. 타깃에게 더할 나위 없는 축복을 보내라. 로또에 당첨되어 채닝 테이텀Channing Tatum(미국의 영화배우 - 옮긴이)과 세계여행을 가고 싶다고 생각해도 좋다.

실험 보고서

원칙 101마리 달마시안 원칙

근거 당신은 우주의 모든 다른 사람이나 사물과 연결되어 있다.

질문 어떤 사람이 없는 곳에서 그에게 메시지를 보낼 수 있는가?

전제 앞으로 이틀 동안 텔레파시로 어떤 사람에게 어떤 메시지를 보낸다면, 그 사람이 그 메시지를 받았다는 증거를 확보하게 될 것이다.

필요한 시간 48시간

방법 좋다, 가능성의 장. 나는 지금 〈환상특급〉에 삽입된 음악을 듣고 있지만, 이것이 양자물리학의 저 신비한 면 중 하나인지 아닌지 알기 위해 이에 대한 판단을 기꺼이 유보할 것이다. 어떻게 생각하는가?

오늘 날짜 _____

시간 _____

메모 _____
_____
_____
_____
_____
_____
_____
_____

"자기 방이라 해도 우리는 한구석밖에 모른다.
창가 근처의 한 지점, 어떤 좁은 면적만
줄곧 왔다 갔다 할 뿐이다."
– 라이너 마리아 릴케

오병이어 원칙
우주는 무한하고 풍부하며
신기할 정도로 융통성이 있다

이 실험은 인생이 뭣 같고 그러다 결국 죽고 만다는 그릇된 통념을 몰아낼 것이다. 인정하든 안 하든, 우리는 사는 게 고역이라고 생각한다. 돈이든, 시간이든, 극장의 팝콘이든 손에 넣어야 할 것이 너무 많다고 생각한다. 마세라티 같은 고급 스포츠카를 가진 사람도 머릿속에는 늘 더 좋은 스포츠카 생각뿐이다.

왜 그럴까? 이 정도로는 성에 차지 않는다고 믿기 때문이다. 가진 것이 많은 억만장자들도 '아직 충분하지 않다'는 강박적인 주문에 걸려 있다.

내 친구 하나가 신제품이 인기몰이를 해서 돈을 많이 번 사업가를 인터뷰한 적이 있다. 그의 눈빛에서 돈에 대한 남다른 집착을 읽어낸 그녀는 그 정도면 '충분하다'라고 여기는 금액이나 영업이익이나 성공지수가 있느냐고 물었다. 그 사업가는 잠시 말을 멈추고 생각하더니 길게 한숨을 내쉬며 말했다.

"그런 건 처음부터 없었어요. 충분하다는 것은 있을 수 없습니다."

이것은 의자 앉기 놀이와 같다. 사람들은 의자를 따라 원을 그리며 도는 동안에도 음악이 멈추었을 때 뛰어가 앉을 의자가 없지 않을까 걱정한다.

헤아릴 수 없을 정도로 많은 재산을 가진 부자라고 해도, 자신이 늘 쪼들린다고 느끼며 두려워하고 늘 신경을 곤두세우는 사람들이 대부분이다. 우리는 입버릇처럼 풍요로운 사회를 말하지만, 여러 가지 면에서 그것은 하나의 착각이고 계략일 뿐이다. '충분하다는 것은 없어'라는 만트라가 머릿속에서 떠나지 않기 때문이다. 의자 앉기 놀이에 너무 열중해서 자꾸 줄어드는 의자에만 생각이 몰리고, 그래서 원 주변을 더욱더 빨리 달린다.

하지만 우리의 상식과 달리, 오병이어 원칙은 풍요가 자연의 법칙이며 만사가 다 잘 풀릴 것이라고 이야기해준다. 그러니 당신은 충분히 느긋해도 된다.

예수는 물고기와 떡을 넉넉히 나누어 줄 수 있게 해달라고 기도하면서 과연 그렇게 될 수 있을까 마음 졸이지 않았다. 예수는 풍요와 넉넉함이 그의 신성한 권리라는 레이저 같은 공식에 모든 생각을 집중시켰다. 이 실험을 하는 당신도 마찬가지로 상식은 잠깐 제쳐두고 늘 충분하다는 막연한 가능성을 받아들여야 한다. 모두에게 넉넉히 돌아간다는 가능성 말이다.

이 그림은 뭔가 잘못되었다

"도깨비가 있다고 생각되면 불을 켜라."
– 도로시 톰슨Dorothy Thompson, 방송인

부족과 결핍은 우리의 기본적 환경으로, 우리의 삶을 규정하는 의문의 여지가 없는 조건이다. '충분하지 않다'는 믿음은 자명종 시계가 울리는 매일 아침 시작된다.

"휴, 잠을 제대로 못 잤어."

일어나 앉기도 전에, 슬리퍼를 신기도 전에, 우리는 이미 부족함에 한숨을 쉰다. 간신히 일어나서도 말한다.

"준비할 시간이 너무 촉박해."

그리고 그때부터 일이 꼬인다.

우리는 충분치 않은 것을 걱정하고 불평하는 데 많은 양의 에너지를 쓴다. 시간이 충분하지 않다. 충분히 운동하지 못했고, 섬유질이나 비타민 E를 충분히 섭취하지 못했다. 봉급이 충분하지 않다. 주말이 너무 짧다. 우리는 가엾게도 자신이 충분히 날씬하지 않고, 충분히 똑똑하지 않고, 충분히 교육을 받지 못했다고 생각한다.

이 '충분치 않다'는 만트라가 사실인지 따져볼 생각은 아예 하지 못한다. 충분치 않다는 생각은 뇌리에 너무 깊이 박혀 우리의 정체성이 되어버렸다. 그리고 세상살이의 모든 면을 부족함이라는 렌즈로 보고 경험한다.

그래서 일자리를 얻어도 만족스럽지 못하고, 인간관계를 맺어도 꺼

림칙하다. 배가 찼는데도 뷔페에 늘어선 사람들 뒤에 다시 가서 줄을 선다. 석유든 사람이든, 가치가 높고 한정되어 있다고 생각하는 자원에 접근하는 것을 통제할 체계나 제도를 만들어낸다. 반면에 자원이 넉넉하다고 생각하면, 한결 느긋해져서 태양이나 바람 같은 갖고 있는 자원을 이용해 대체 에너지를 개발해보겠다는 여유가 생긴다. 그런 자원은 닳아 없어지지 않기 때문이다.

이런 '충분치 않다'는 잘못된 생각 때문에 우리는 고귀한 이상을 외면하고, 자랑스럽지 못한 행위를 하며, 자연에 쓰레기를 버리고, 고귀한 자아를 슬그머니 감춘다. 우리 자신을 부족한 존재로 규정해버리면, 무시당하지 않으려고, 다른 사람에게 자리를 빼앗기지 않으려고 모든 에너지를 쏟아붓게 된다.

그러나 그렇지 않다. 그런 말들은 전부 터무니없는 거짓말이다. 사람도, 자원도 충분하다. 우리는 넉넉하고 인정 많은 우주에 살고 있다. 충분하지 않다는 근거 없는 두려움을 극복할 수만 있다면, 자원 쌓아두기를 그만하고(도대체 구두가 왜 89켤레씩이나 필요하단 말인가?) 에너지를 해방시켜 정말 필요한 것을 얻을 수 있다.

아메리카 원주민 추마시족은 캘리포니아 중부 해안에서 수천 년 동안 부유하고 순탄한 생활을 누렸다. 추마시족은 작은 마을에 촘촘하게 모여 살며 주변의 자원을 이용해 카누와 화살과 약품을 만들었다. 그들은 150종 이상의 해산물과 멜론과 잣 등으로 규칙적인 식사를 했다. 그들은 짐승 가죽으로 옷을 해 입고, 조개로 장식한 석기와 풀을 촘촘히

엮어 만든 물도 담을 수 있는 특별한 바구니를 사용했다. 아파이크 마을에서 추마시족은 거의 매일 놀고, 춤추고, 땀을 닦고, 자장가를 불러가며 살았다.

요즘 우리는 이런 생활방식을 '생계'라고 부르며, 힘을 들여야 먹고살 수 있는 생존방식이라 여기면서 경시한다. 그러나 우리와 달리 추마시족은 풍요로운 경제를 꾸려갔다. 추마시족에게는 모든 것이 넉넉했다. 너무 많지도, 너무 적지도 않았다. 무엇보다 그들에게는 중요한 것들, 즉 관계, 맛있는 식사, 예술, 놀이, 그리고 휴식할 시간이 넉넉했다.

당신에게도 이제 당신이 마음대로 할 수 있는 자원이 있다. 새로운 직업을 구하거나, 새로운 관계를 찾거나, 심지어 새로 시간을 내어 요가 수련을 할 필요도 없다. 지금 있는 것만 가지고도 풍요롭고 의미 있는 생활을 영위할 수 있다. 그리고 무엇보다도 지겹게 힘들여 일하는 것을 그만둘 수 있다. 편안하게 바꿔보라.

축복은 다가온다

"이런 강력한 힘을, 조직과 종교라는 먹이사슬에
사람들을 가두는 데 쓰지 않고
그들을 고양시키는 데 쓴다면 어떨까?"
– 마크 빈센트Mark Vicente, 다큐멘터리 감독

핵심은 이것이다. 욕심에는 한계가 없다는 것. 우리가 세상의 사랑을

얼마나 부인해왔는지 안다면, 놀라움을 금치 못할 것이다.

세상이 너무 뒤죽박죽이어서 우리는 희생 없는 세상을 생각할 수조차 없다. 그러나 분명한 사실이 있다. 세상에 희생이란 것은 없다. 희생이라고 생각하는 것만 있을 뿐이다.

잠깐 멈추고 우리가 어쩌다 이렇게 감쪽같이 속았는지 생각해보자.

영성가 에크하르트 톨레Eckhart Tolle는 스물아홉 번째 생일을 맞은 지 며칠이 지났을 때, 극심한 공황장애에 시달렸다. 심지어 자살까지 생각했다. 그때까지 그의 삶은 한마디로 엉망이었다. 그날 밤, 그는 자신에게 같은 말을 반복했다.

"더 이상 나 자신과 함께 살아갈 수 없어."

그러던 그는 어느 순간 갑작스러운 경험을 했다. 이 경험에 대해 그는 "마치 허공 속으로 빨려 들어가는 것 같았다"고 말한다. "깨어났을" 때 그가 경험한 것은 오직 사랑이었고, 깊고 부단한 평화와 희열의 상태였다. 감정적 고통이 너무 극심해서 그의 의식은 그가 정해놓은 모든 한계에서 물러날 수밖에 없었다. 너무 완벽하게 물러나 그의 기만당한 자아, 불행하고 깊은 두려움에 떨던 자아는 즉시 바람 빠진 풍선처럼 찌부러졌다. 그는 격렬한 희열의 상태에서 공원 벤치에 앉아 아무것도 하지 않고 2년 가까운 세월을 그렇게 보냈다.

바이런 케이티Byron Katie의 경우도 그랬다. 캘리포니아에서 부동산중개업을 하던 그녀의 생활은 나름대로 평범했다. 두 번의 결혼에서 얻은 세 아이가 있었고, 사업도 나름대로 잘됐다. 하지만 그녀는 심한 우울

증에 시달리고 있었다. 케이티는 섭식장애 여성을 위한 요양소에 자진해서 입소했다. 섭식장애가 있어서가 아니라 그녀의 보험이 적용되는 시설이 그 요양소밖에 없었기 때문이다. 어느 날 밤 "침대에 누워 잘 자격이 없다는 생각이 든" 그녀는 다락의 마루에 가만히 누워 있었다. 그러다 그녀는 갑자기 깨우쳤다. 흔히 말하는 희생 따위는 없다고 그녀는 생각했다.

"나와 나의 온 세상, 그 온 세상을 괴롭히던 모든 생각이 사라졌다. 인식할 수 있는 것은 아무것도 없었다. 저 깊은 곳으로부터 웃음이 솟아나와 마냥 쏟아졌다. 나는 기쁨에 도취되었다. 내 안에서 자유가 깨어난 것 같은 느낌이었다."

그녀는 저서 《기쁨의 1,000가지 이름들 _A Thousand Names for Joy_》에서 그렇게 말했다. 그녀는 집으로 돌아가 창가에 앉아 몇 날 며칠 동안 완전한 희열 속에서 창밖을 하염없이 내다보았다.

클루 규칙

"상식은 열여덟 살에 습득한 편견의 집합이다."
— 알베르트 아인슈타인

딸아이, 그리고 그 아이의 친구들 몇 명과 함께 '클루Clue'라는 보드게임을 할 때였다. 우리는 탐정 노트를 나눠 갖고 미니어처 저택의 미니어처 방에 로프와 납, 파이프 등 여러 미니어처 무기들을 잔뜩 배치해놓았다. 나는 플럼 교수 역을 맡은 킬리에게 물었다.

"네가 먼저 하지 그래?"

그 아이는 내가 마치 저더러 남자 샤워장에서 샤워하라고 말한 것처럼 나를 어이없는 눈으로 쳐다보았다.

"아줌마!"

"엄마!"

아이들은 큰소리로 항의했다.

"뭘? 내가 뭐랬는데?"

"언제나 미스 스칼렛이 먼저라고요."

마찬가지로, 고소를 하려면 살인이 일어났다고 생각하는 방에 있어야 한다고 아이들은 내게 설명해주었다. 그리고 비밀 통로는 응접실과 부엌 사이, 아니면 도서관과 온실 사이에만 있다고 했다. 내가 물었다.

"누가 그래?"

"규칙이 그래요. 여기 그렇게 쓰여 있잖아요."

아이들 중 하나가 깔끔하게 인쇄된 게임 설명서를 내 얼굴에 들이밀었다.

그 '돌에 새긴 규칙'을 보니 우리가 인생을 연기하는 방식도 그렇다는 생각이 들었다. 누군가가 이것이 세상 돌아가는 방식이라고 결정했다. 그리고 우리 모두가 그것을 그런 식으로 보기로 동의했기 때문에, 우리는 그것을 현실로 만들었다.

따지고 보면 모든 것이 그랬다. 우리가 당연히 여기는 거의 모든 개념과 판단은 실제 있는 그대로를 심하게 왜곡한 것들이다. 우리가 사실이라고 생각하는 것은 우리 모두가 동의한 '클루 규칙'일 뿐이다. 우리가 본다고 생각하는 세상은 우리 각자가 만든 클루 규칙의 투영에 지나지 않는다.

이제 이런 클루 규칙을 오려내 잘게 썰어 머리 위로 확 뿌려버릴 때가 됐는지도 모르겠다. 그렇게 못한다면, 그래서 "온전히 사랑받고 온전히 사랑스럽고 온전히 사랑하지" 못한다면, 허전한 생각을 떨칠 수도 없고, 사는 목적이 무엇인지 우리가 왜 여기 있는지 의문을 풀 수도 없을 것이다. 세상을 바라보는 전혀 새로운 렌즈를 요청해야 하는 것도 바로 이 때문이다.

꿈을 꾸면 가능하다

"명랑하기보다는 우울하기가 더 쉽다.
누구든 '나는 암에 걸렸어'라는 말 한마디로 좌중을
술렁이게 할 수 있다. 그런데 5분 동안 무대에서 말로
사람들을 웃길 수 있는 사람이 몇이나 될까?"
– P. J. 오루크P. J. O'Rourke, 전 《롤링스톤Rolling Stone》 기자

카린 존슨Caryn Johnson은 늘 배우가 되고 싶어 했다. 어렸을 적부터 머릿속에서 한시도 떠나지 않고 그녀를 사로잡은 생각은 '연기하고 싶다'는 것뿐이었다.

그녀는 뉴욕의 서민용 공동주택에서 자랐다. 그녀의 생활에서 가장

큰 부분을 차지하는 것은 "누군가 다른 사람 행세하는 것"과 극장이었다. 마침 조 팝Joe Papp이 그녀가 사는 첼시에 무료 공연을 하는 셰익스피어 극단을 데려왔다. 그녀는 오빠 클라이드와 엄마 에마와 함께 자주 영화를 보러 다녔다. 엄마는 두 아이를 혼자 벌어 키웠다.

"캐럴 롬바드Carole Lombard가 긴 새틴 드레스를 끌며 계단을 내려오는 것을 봤을 때, 나도 할 수 있겠다는 생각이 들었다. 그런 계단을 내려와서 그런 말을 읊조리는 그런 삶을 살고 싶었다. 영화에서는 어떤 일도 할 수 있었다. 날아다닐 수도 있었다. 외계 생명체를 만날 수도 있었다. 여왕이 될 수도 있었다. 새틴 시트가 깔려 있는 널찍한 침대에서 잘 수도 있었다."

그녀는 그렇게 말했다.

여덟 살이 되었을 때, 그녀는 동네 근처에 있는 탁아소 겸 극장 겸 미술관인 허드슨 길드 커뮤니티 센터Hudson Guild Community Center에서 연기를 시작했다. 하지만 고등학교 때 난독증으로 '더디고 어쩌면 지진아일지도 모르는' 학생으로 분류되면서 그녀의 인생은 엇나가기 시작했다. 결국 학교를 중퇴했고, 마약에 빠졌으며, 연기 따위는 모두 잊어버렸다. 미혼모 신세가 되었을 때 카린의 나이는 열아홉 살이었다.

좋은 소식과 나쁜 소식. 좋은 소식은 카린이 마침내 약을 끊었다는 것. 카린이 낳은 딸의 아버지는 마약 전담 상담사였다. 그는 카린을 마약의 수렁에서 꺼내주었다. 나쁜 소식은 그가 아버지가 되기에는 부족함이 많은 남자였다는 것. 딸 알렉산드리아가 태어난 지 몇 달 뒤에 그는 카린을 떠났다.

카린은 아무런 기술도 없는 고등학교 중퇴생이었다. 할 줄 아는 것이라고는 아이를 돌보는 것밖에 없었다. 그녀는 보모 자리를 구해 텍사스 러복으로 이사했다. 그녀는 자신을 채용한 친구와 함께 지냈다. 그 친구가 캘리포니아 샌디에이고로 이사를 가자 카린과 그녀의 딸도 기꺼이 따라갔다.

하지만 친구와 관계가 안 좋아지면서 그녀는 다시 돈도 기술도 없이 캘리포니아에 갇히는 신세가 되었다. 운전도 할 줄 몰랐다. 고속도로가 명물인 캘리포니아에서 그것은 장애와도 같았다.

"고등학교 졸업장도 없었다. 가진 것이라고는 내 한 몸과 아이뿐이었다."

아, 그렇지. '연기하고 싶다'는 꿈이 있었지. 카린은 낮에는 벽돌 쌓는 법을 배웠고, 미용학원에 다녔다. 밤에는 실험극단을 따라다니며 연기를 했다. 장례식장에서 미용과 메이크업을 하며 돈을 벌고, 모자란 돈은 복지수당으로 채웠다. "신발이 하나밖에 없는 아이에게 신발을 사줄 걱정, 한 달 동안 165달러어치 식품으로 연명할 걱정을 하던" 시절이었다.

상황이 그랬지만, 그녀는 언제나 "세상에 안 될 일은 없다"고 믿었다. 그녀는 새틴 드레스를 입고 계단에서 미끄러지듯 내려오던 캐럴 롬바드처럼 될 수 있다고 믿었다.

"연기는 내가 할 줄 안다고 말할 수 있는 유일한 재능이다."

그녀는 그렇게 말했다.

그녀의 확고한 믿음이 결국 잠긴 문을 열었다. 버클리의 실험극단 블랙 스트리트 호크아이즈Black Street Hawkeyes에서 연기를 하던 그녀는 1983년에 유명한 할리우드 감독 마이크 니콜스Mike Nichols의 눈에 띄었다. 그녀의 연기에 압도당한 그는 브로드웨이에서 원맨쇼가 아닌 원우먼쇼 〈더 스푹 쇼The Spook Show〉에 그녀를 출연시켰다. 그 쇼를 보고 깊은 인상을 받은 스티븐 스필버그Steven Spielberg 감독은 그녀를 자신의 연출작 〈컬러 퍼플The Color Purple〉의 주연으로 캐스팅했다. 그녀는 이름을 우피 골드버그Whoopi Goldberg로 바꾸었다.

"나는 무엇이든 할 수 있다. 나는 누구든 될 수 있다. 아무도 내가 할 수 없다는 말을 하지 않았다. 아무도 내 능력에 한계가 있다는 생각을 드러내지 않았다. 나는 항상 불가능이 아니라 가능이라는 관점에서 생각한다."

우피는 그녀의 자서전 《책Book》에서 그렇게 말했다.

"나는 내가 물을 포도주로 바꾸거나 고양이에게 불어를 말하도록 가르칠 수 없다는 사실을 잘 안다. 그러나 나는 또한 어떤 것에 대한 선입견 없이 그것과 마주한다면, 온 세상이 자신의 캔버스가 될 수 있다는 사실을 배웠다. 꿈을 꾸면 그렇게 되도록 만들 수 있다. 어떤 상황, 어떤 환경에 처하든 사람은 자신이 있고 싶은 곳에 있다고 믿는다. 작은 소녀가 맨해튼 공동주택에 사는 홀어머니 밑에서 자라 미혼모가 되어 7년 동안 복지수당으로 연명하면서 별의별 일을 하다가도, 결국 영화를 만들게 된다는 사실을 나는 믿는다. 그래서 나는 어떤 일이든 가능하다고 생각한다. 그렇게 살았기 때문에 잘 안다. 그것을 봤기 때문에 잘 안다. 나는 옛날 사람들이 기적이라고 부른 것들을 목격했지만, 그것은 분명 기적이 아니다. 그것은 꿈의 산물이다. 인간인 우리는 천국을 만들 능력이 있고, 우리 자신의 손으로 서로의 삶을 더 좋게 만들 수 있는 능력이 있다. 그렇다. 그렇고말고. 얼마든지 가능하다. 어떤 일이 일어나지 않았다면, 그 이유는 그것이 일어날 수 없는 일이거나 앞으로도 일어날 수 없는 일이어서가 아니다. 그 일이 아직 일어나지 않았기 때문일 뿐이다."

선하며 전능한 에너지 포스

"꼭 필요하다고 믿도록 만들어진 약보다
마음의 힘을 이용하는 것이 더 좋은 효과를 낼 수 있다."
— 브루스 립턴

몇 해째 머틀 필모어^{Myrtle Fillmore}의 생활은 약으로 가득 찬 서랍을 중심으로 돌아갔다. 유니티 처치^{Unity Church}를 공동설립한 필모어는 결핵과 힘겨운 투쟁을 벌였을 뿐 아니라 끊임없는 고열에 시달렸다. 수시로 각혈을 했고 악성 말라리아까지 겹쳤다.

어느 날 그녀는 신사상 지도자인 E. B. 윅스^{E. B. Weeks} 박사의 강연에 참석했다. 윅스 박사는 황당하게도 선^善 그 자체이신 하나님은 누가 병에 걸리는 것을 바라지 않는다고 단언했다. 더욱이 웍스 박사는 필모어에게 이런 선한 성령과 함께하면, 진정한 자아를 회복해 건강해질 수 있다고 말했다.

머틀은 수시로 단언하기 시작했다.

"나는 하나님의 자녀다. 따라서 병 따위는 물려받지 않았다."

그녀는 "보이는 대로 판단"하기를 거부하고 그녀 몸의 모든 세포 안에 있는 하나님의 활기찬 에너지를 칭송했다. 머틀은 조금씩 좋아지기 시작했다. 그리고 2년이 채 안 되어 고질적이던 병의 증세가 씻은 듯 사라졌다.

아내의 놀라운 치유 과정을 지켜본 그녀의 남편 찰스도 같은 선언을 해보기로 결심했다. 찰스 역시 심각한 장애를 갖고 있었다. 어린 시절 스케이트를 타다 사고를 당해 몇 차례 수술을 거듭했지만, 고관절을 크게 다쳐 한쪽 다리가 성장을 멈춘 것이다. 그는 다리 길이를 맞추기 위해 쇠로 만든 보조기를 항상 달고 다녀야 했다. 찰스는 지금껏 자신이 할 수 있는 것이라고는 만성 통증을 견디는 법을 배우는 것이 전부라고 생각했다.

그러던 찰스도 머틀처럼 항상 선하며 전능한 에너지 포스가 있다는 사실을 차츰 긍정하기 시작했다. 1년 뒤 그는 통증이 말끔히 사라졌을 뿐 아니라, 짧은 한쪽 다리도 다른 다리만큼이나 길어졌다.

마침내 우주가 그를 돌본 것이다.

방법

*"현실은 좀 끈질겨서 그렇지,
사실 이것은 착각에 지나지 않는다."*
– 알베르트 아인슈타인

이 실험은 샐리 필드 Sally Field 가 〈마음의 고향 Places in the Heart 〉으로 오스카상을 받았을 때 했던 말을 실제로 입증해보일 것이다.

"여러분은 저를 좋아하시는군요. 정말로 저를 좋아하시는군요."

이 실험은 우리가 사는 세상이 얼마나 숭고한지 입증한다. 앞으로 48시간 동안 우리는 선과 아름다움을 좇을 것이다.

역사는 물론 피로 쓰였다. 역사는 언제나 전쟁, 배신, 경쟁으로 점철되어 왔다. 그러나 고생물학자 스티븐 제이 굴드 Stephen Jay Gould 는 다음과 같이 말했다.

"화석 기록은 생물학적 안정기가 오랫동안 중단되지 않고 계속되었다는 사실을 보여준다."

사실 하나의 폭력 행위가 1만 가지 친절한 행위를 무위로 돌린다는 사실은 구조적 역설일 뿐이다. 어디까지나 기준은 인간의 호의와 친절과 아름다움이라고 그는 주장했다. 너무 자주 무시되고, 그래서 눈에 띄지 않는 수많은 작은 친절의 장엄한 비중을 기록하고 기리는 것은 우리의 의무이자 성스러운 책임이라고 그는 강조했다.

앞으로 이틀 동안 직접 일기를 쓰고 이런 친절을 목록으로 만들어라. 여기 몇 가지 예가 있다.

· 예약된 병원을 가기 위해 나서는데, 아내가 키스를 해주었다.

· 접수 담당자와 나는 그녀가 갓 낳은 아기와 내가 갓 얻은 손자의 사진을 비교해봤다.

· 책을 한아름 안고 사무실로 들어가려는데, 낯선 사람이 문을 열어주었다.

· 카운터에 앉아 있던 남자가 웃으면서 말했다. "무슨 일이에요?"

· 붐비는 구내식당에서 학생들이 사이좋게 한 식탁에 같이 앉았다.

· 내 이메일이 엉망이었는데, 동료가 이메일 정리를 도와주었다.

· 다른 나라에 있는 동료에게 무뚝뚝한 메시지를 보냈는데, 그녀가 다정하고 상냥하게 답해주었다.

실험
보고서

원칙 오병이어 원칙

근거 우주는 무한하고 풍부하며 신기할 정도로 융통성이 있다.

질문 부정적인 것에 초점을 맞추면 현실을 볼 수 없는가?

전제 내가 시야를 바꾸어 선하고 아름답고 풍부한 것을 찾는 데 노력을 기울인다면, 그것은 거짓말처럼 나타날 것이다.

필요한 시간 48시간

오늘 날짜 _____

시간 _____

친절하고 아름답고 선한 사례들의 가짓수 _____

방법 '가는 말이 고우면 오는 말도 곱다'고 했다. 나도 직접 해봐야겠다고 생각한다. 감사를 분명하게 표현하는 것이 알 듯 말 듯한 소리보다 백번 낫지 않겠는가. 가수 윌리 넬슨Willie Nelson도 축복의 말을 내뱉기 시작하면서 그의 삶이 통째로 바뀌었다고 했다. 윌리처럼 나도 평화와 환희와 기쁨의 가능성에 베팅할 준비가 되어 있다. 이제부턴 적극적으로 선을 추구할 것이다.

메모 _____

_____

_____

_____

_____

마치며

서로를
들어 올려라

훌륭하다! 그리고 축하한다! 드디어 이 책을 다 읽었다. 아홉 가지 실험도 끝냈다. 용감한 도전이었다. 이제 힘든 고비는 넘겼다. 그러나 여기서 끝낸다면, 모험의 가장 멋진 부분을 놓치는 셈이다. 진짜 보상은 지금부터다.

동네에서든 교회에서든 쇼핑센터에서든 이 책을 읽은 사람들과 그룹을 만들어라. 내가 시켰다는 말은 하지 말기 바란다.

가능성의 장은 늘 우리와 함께 있고 우리를 이끌어주지만, 가끔은 다른 사람들이 필요하다는 사실을 일깨워주기도 한다. 동료는 활용하라고 있는 것이다.

하다못해 범행을 저지를 때도 공범이 필요하다. 당신의 말을 들어주고, 격려해주고, 당신이 그것을 하는 이유를 다시 한 번 생각하게 만들어줄 영적 전사가 필요하다. 에이브러햄 힉스가 즐겨 하는 말이 있다.

"세상을 창조하는 에너지에 채널을 맞추면, 우주가 비슷한 주파수를 가진 사람들을 찾아내 당신에게 맞춰줄 것이다."

거의 우주 차원의 중매 서비스라고 생각하면 된다. 그렇게 만난 '팀메이트'는 당신의 주파수 영역으로 들어와(유유상종) 함께 에너지를 '배가시켜' 멋진 신세계와 유쾌한 새로운 생존 방법으로 그 에너지를 폭발시킬 것이다.

가장 중요한 지침은 이것이다. 무엇을 하든 즐겨라. 과거에도, 앞으로도 언제나 그것만이 궁극적인 에너지 생성기다.

각자 안전하고 소중한 존재라고 느낄 수 있는 보호 구역을 만들어라. 네 시간씩 몰두할 필요는 없다. 전화로도 할 수 있다. 당신의 실험 결과를 공유할 사람들의 목록을 작성하는 것이 중요하다. 물론 그들도 실험해야 한다.

각자의 사연을 서로 이야기하고, 서로 격려하라. 새로운 실험을 구상하라. 내가 참여하는 그룹은 매주 다른 실험을 시도한다. 바쁘고 부산한 실내에서 에너지를 차분하게 가라앉히는 것에서부터(이 방법은 거짓말처럼 효과가 있다. 예를 들어, 시끄러운 식당이나 매우 격앙된 회의실에서 평화와 정적을 발산하는 것만으로도 에너지가 어떻게 바뀌는지 지켜보라) 기계적인 판단과 결론을 내리는 관계의 성격을 바꾸는 것에 이르기까지 무엇이든 가능하다.

내 그룹은 성공 사례를 돌아보는 것에 그치지 않고, 용기를 내어 '구태의연한' 조건에서 빠져나오지 못했던 횟수 등을 따져본다. 성공이든 실패든 모두 의미 있는 교훈이 되기 때문이다.

이런 모임에서는 눈에 보이는 삶이 아니라 이렇게 되었으면 하는 삶에 초점을 맞추고 이야기하는 것이 절대적으로 필요하다. "뭐가 잘못되었지?"라는 말이 자꾸 튀어나오겠지만, 가능하면 자제하고 "제대로 한 것이 무엇이지?"라는 질문을 하도록 노력하라. 그런 질문만이 실제로 의미 있는 유일한 질문이다.

문제는 좀 더 새롭고 명랑한 이야기를 만들려고 노력해야 한다는 점이다. 당신의 동료들과 모일 때마다 매번 당신의 삶이 어떻게 향상되고 성장하는지 그 사례를 다른 사람들과 공유하라.

늘 그렇지만, 감사하고 아름답게 꾸미고 긍정하고 꿈꿔라. 그리고 이 세 가지를 명심하라.

1. 당신은 대단하다

알든 모르든 당신은 엄청나게 강력한 에너지를 가진 존재다. 당신의 뼛속 깊은 곳에는 가능성의 물결이 도도히 흐르고 있다.

2. 가능성의 장은 위대하고 한계가 없다

무엇이든 절대로 다 가능하다. 필요한 것은 마음을 열고, 구태의연한 조건을 버리고, 보다 즐겁고 보다 자유롭고 보다 더 큰 이상으로 계속 확장하는 것이다.

3. 이제 우리는 모두 하나다

　우리가 함께 모여 감사하며 서로를 보살핀다면, 우리 모두가 원하는 바를 이루고 좀 더 높은 곳으로 올라갈 수 있을 것이다. 물론 당신 혼자서 결승선으로 걸어 들어갈 수도 있다. 그러나 진정한 즐거움은 함께하는 과정에서 온다. 소리 높여 힘차게 한 목소리로 외쳐라.

　"모두 잘했어!"

"언제 만날지 모르는 가장 이상하고, 가장 기묘하고,
가장 불가해한 것을 위해 용기를 가지는 것.
당신에게 요구되는 유일한 행동은 이것뿐이다."
—라이너 마리아 릴케

E^2

초판 1쇄 발행일 2014년 2월 20일
초판 11쇄 발행일 2024년 9월 25일

지은이 팸 그라우트
옮긴이 이경남

발행인 조윤성

디자인 박지은 **마케팅** 서승아
발행처 ㈜SIGONGSA **주소** 서울시 성동구 광나루로 172 린하우스 4층(우편번호 04791)
대표전화 02-3486-6877 **팩스(주문)** 02-585-1755
홈페이지 www.sigongsa.com / www.sigongjunior.com

글 ⓒ 팸 그라우트, 2014

이 책의 출판권은 ㈜SIGONGSA에 있습니다. 저작권법에 의해
한국 내에서 보호받는 저작물이므로 무단 전재와 무단 복제를 금합니다.

ISBN 978-89-527-7094-3 13320

*SIGONGSA는 시공간을 넘는 무한한 콘텐츠 세상을 만듭니다.
*SIGONGSA는 더 나은 내일을 함께 만들 여러분의 소중한 의견을 기다립니다.
*잘못 만들어진 책은 구입하신 곳에서 바꾸어 드립니다.㈜

WEPUB 원스톱 출판 투고 플랫폼 '위펍' __wepub.kr
위펍은 다양한 콘텐츠 발굴과 확장의 기회를 높여주는
SIGONGSA의 출판IP 투고·매칭 플랫폼입니다.